KB267272

왜 지금 비트코인가:

가장 불평등한 시대, 생존으로서의 투자

비트코인 10억 시대의 투자법

1. 왜 지금 비트코인가: 가장 불평등한 시대, 생존으로서의 투자

> *"세상에는 모든 사람의 '필요'를 채우기에 충분한 자원이 있지만,*
> *단 한 사람의 '탐욕'을 채우기에는 부족하다."*
>
> — 마하트마 간디

우리는 인류 역사상 가장 풍요로운 시대에 살고 있다. 그러나 동시에, 그 어느 때보다 불평등한 시대이기도 하다. 성실하게 일해 얻는 근로소득은 자산 가격의 상승 속도를 끝내 따라잡지 못한다. '내 집 마련'은 더 이상 삶의 목표가 아니라, 생존을 가르는 조건이 되었다. 월급을 모아 계층을 이동하던 전통적인 사다리는 이미 오래전에 부러졌다.

자본의 속도가 노동의 속도를 압도하는 시대

> *"불평등이 극단에 달하면, 그것은 성장에 전혀 도움이 되지 않는다."*
>
> — 토마 피케티

프랑스 경제학자 토마 피케티는 단순하지만 잔인한 진실을 말했다. 자본의 수익률은 경제 성장률보다 높다. 즉, 돈이 돈을 버는 속도가 사람이 노동으로 부를 축적하는 속도보다 빠르다는 뜻이다. 이 구조는 시간이 갈수록 더 강화되고 있다. 정부는 위기 때마다 법정화폐(Fiat Currency)를 무제한으로 발행하고, 그 대가는 인플레이션이라는 이름의 보이지 않는 세금으로 우리 모두에게 전가된다. 아무 행동도 하지 않고 이 시스템 안에 머무르는 것은 더 이상 '안정'이 아니다. 그것은 서서히 가난해지는 확실한 선택일 뿐이다.

비트코인, 투기를 넘어 '생존의 도구'로
한때 비트코인은 실체 없는 허상, 혹은 위험한 도박으로 취급되었다. 그러나 지금의 비트코인은 전혀 다른 단계에 와 있다.

- 디지털 금(Digital Gold) 단 2,100만 개로 고정된 공급량은, 무한히 발행되는 화폐 시스템에 맞서는 가장 강력한 희소성이다.

- 기관 자본의 진입: 블룸버그 ETF 분석가 에릭 발추나스(Eric Balchunas)는 비트코인 ETF 시장이 "2026년을 사자처럼 시작했다"고 평하며, 현재 추세라면 연간 1,500억 달러의 자금이 유입될 수 있다고 전망했다. *(출처: The Block) Binance News/SoSoValue (2026.01.08): "Bitcoin Spot ETF Experiences Significant Outflow/Inflow Data."* 여기서 1,500억 달러($150,000,000,000)는 한화로 약 217조 9,500억 원이다. 대한민국 1년 예산: 2026년 한국 정부 예산

안(약 700조 원대 예상)의 약 31%에 해당하는 거대한 자금이
다. 블랙록, 피델리티와 같은 글로벌 자산운용사들이 비트코
인을 제도권 자산으로 편입시켰다. 비트코인은 더 이상 변두
리 자산이 아니다.

- 부의 재편 통로: 기성세대가 선점한 부동산과 주식 시장에서
  기회를 잃은 이들에게, 비트코인은 아직 완전히 닫히지 않은
  마지막 유동성 통로다. 부의 추월차선으로 진입할 수 있는 드
  문 기회이기도 하다.

'사서 버티기'만으로는 부족하다

다가오는 비트코인 10억 시대는 공상과학이 아니다. 그러나 단
순히 매수한 뒤 버티는 것 홀드(HODL)만으로는 자산의 비약적인
증식을 기대하기 어렵다. 비트코인의 본질은 '상승'이 아니라 극단
적인 변동성에 있다. 이 변동성을 두려워할 것인가, 아니면 수익으
로 바꿀 것인가. 이 책은 그 질문에서 출발한다.

생존을 위한 하이브리드 전략

현물은 자산을 지키는 방패다. 선물은 변동성을 수익으로 전환
하는 칼이다. 현물로 바닥을 만들고, 선물로 수익률을 증폭시키는
하이브리드 전략 없이는 이 시장에서 오래 살아남기 어렵다. 무모
한 레버리지는 파멸을 부르고, 아무 전략 없는 장기 보유는 기회를

놓친다. 지금 이 시대에 투자는 선택이 아니다. 생존의 기술이다. 불평등의 파도를 넘어 부의 추월차선에 올라타기 위해, 우리는 가장 현대적이고 강력한 자산인 비트코인을 감정이 아닌 구조와 전략으로 다뤄야 한다. 이 책은 그 출발점이다.

2. "비트코인은 끝났다"는 말이 매번 틀린 이유: 지적 동의와 심리적 결단 사이의 간극

"비트코인은 모든 거품의 어머니(Mother of all bubbles)다."

— 누리엘 루비니 (Nouriel Roubini), 지적 동의와 심리적 결단 사이의 간극

비트코인의 역사는 곧 '사망 선고'의 연대기다. 가격이 급락할 때마다 언론과 주류 경제학자들은 약속이나 한 듯 비트코인의 종말을 선언해 왔다.

"내재 가치가 없는 신기루"

"튤립 투기보다 못한 거품."

그러나 그 수많은 부고 기사 속에서도 비트코인은 매번 되살아났고, 이전의 최고점을 가볍게 넘어섰다. 사람들은 묻는다. 왜 비트코인을 향한 대중의 비관론은 늘 틀렸는가? 그리고 왜 우리는 그것이 기회임을 머리로는 알면서도, 끝내 행동하지 못하는가?

반복되는 종말론과 회복의 메커니즘

"비트코인은 끝났다"는 말은 지금까지 수백 번 이상 반복되었다. 하지만 이 문장은 근본적인 오해에서 출발한다. 비트코인은 특정 국가가 발행한 화폐도, 특정 기업이 운영하는 서비스도 아니다. 전 세계에 분산된 수만 개의 노드가 유지하는 네트워크이며, 누구도 임의로 멈출 수 없는 수학적 신뢰의 시스템이다. 가격은 요동쳤지만 네트워크는 한 번도 멈춘 적이 없다. 오히려 해시레이트(Hash Rate)는 장기적으로 꾸준히 최고치를 경신해 왔고, 반감기를 거칠수록 공급은 더욱 희소해졌다. 비트코인의 종말을 외치던 이들이 간과한 것은 단 하나다. 가격이라는 현상 뒤에 존재하는 '가치 구조의 불변성'이다. 시장의 공포가 극에 달할 때마다 비트코인은 가장 단단한 바닥을 만들었고, 그 바닥 위에서 다음 사이클을 준비해 왔다. 역사는 늘 같은 패턴으로 반복되었고, 결과 역시 예외가 없었다.

"좋은 건 알겠는데…"

오늘날 비트코인이 가치 저장 수단으로서 경쟁력이 있다는 사실에 지적으로 동의하지 않는 사람은 거의 없다. 블랙록의 현물 ETF 승인, 기관 자금의 유입, 제도권 금융 시스템으로의 편입은 비트코인이 더 이상 '변두리 자산'이 아님을 명확히 보여준다.

이제 "비트코인은 사기다"라고 말하는 것은 새로운 통찰이 아니라, 시대 감각의 부재를 드러내는 고백에 가깝다. 그럼에도 대다수의 투자자는 바로 이 지점에서 멈춘다. 논리를 이해하고, 수익률 데이터를 보며 고개를 끄덕이면서도 정작 자신의 자산을 투입해야 하는 순간에는 발을 빼버린다. 이 지점에 존재하는 것이 바로 지적 동의와 심리적 결단 사이의 간극이다.

심리적 결단: 공포를 이기는 본능의 통제

비트코인 투자가 어려운 이유는 기술이 복잡해서가 아니다. 인간의 생존 본능을 정면으로 거슬러야 하기 때문이다.

- 모두가 환희에 차 있을 때, 탐욕을 절제해야 한다.
- 모두가 끝났다고 절망하며 투매할 때, 홀로 매수 버튼을 눌러야 한다.
- 대중은 가격이 오를 때 확신을 얻고, 가격이 떨어질 때 의구심을 품는다.

그러나 시장에서 가장 비싼 확신은 늘 고점에서, 가장 값싼 기회는 언제나 공포 속에서 등장한다. "비트코인은 끝났다"는 말에 마음이 흔들리는 이유는 단순하다. 이성보다 본능이 먼저 반응하고, 본능은 늘 군중의 소음을 따라가기 때문이다. 하지만 부의 추월차선은 대중의 확신이 아니라 대중의 공포 속에서 열린다.

Contents

PART 1. 비트코인은 어떻게 여기까지 왔는가

PART 2. 왜 비트코인가: 화폐의 종말과 새로운 부의 규칙

PART 3. 핵심: 비트코인 10억은 숫자가 아니라 수학이다

PART 4. 비트코인 투자로 성공한 사람들: 거인의 어깨 위에 서라

PART 1.
비트코인은
어떻게 여기까지 왔는가

1장

/

비트코인 가격의 역사

1. 1달러에서 1억 원까지:
숫자가 증명한 과거의 '새로운 저점'

1만 BTC와 피자 두 판, '화폐의 탄생'을 쏘다

2010년 5월 22일, 플로리다의 프로그래머 라즐로 헤이니츠가 비트코인 포럼에 올린 황당한 제안은 현대 금융사의 흐름을 바꾼 거대한 실험이었다. "피자 두 판에 1만 비트코인을 주겠다"는 그의 외침에 영국 청년 제레미 스터디번트가 응답하며, 인류 역사상 최초의 '가상자산 실물 결제'가 성사되었다.

당시 41달러에 불과했던 1만 BTC의 가치는 오늘날 조 단위의 천문학적 액수로 치솟았다. 대중은 이를 두고 '세상에서 가장 비싼 피자'라며 조소 섞인 탄식을 내뱉지만, 본질은 액수가 아닌 '교환 가치'의 증명에 있다. 실체 없는 코드 조각이 갓 구운 피자의 온기로 치환되는 순간, 비트코인은 단순한 알고리즘을 넘어 화폐라는 생명력을 얻었기 때문이다.

오늘날 블랙록과 피델리티 등 거대 자본이 비트코인을 제도권으로 끌어들인 배경에는, 16년 전 피자 한 조각을 베어 물며 '가치의 연결'을 시도했던 한 프로그래머의 무모한 확신이 있었다. 비트코인 피자데이는 단순한 기념일을 넘어, 기술이 어떻게 신뢰를 구축하고 현실을 바꾸는가를 보여주는 가장 강력한 상징이다.[1]

구분	2010년 5월	2026년 1월 현재 (약 9만~10만 달러 기준)
피자 한 판 가격	약 20달러	약 4억 5,000만 달러 (한화 약 6,500억 원)
비트코인 1만 개	약 41달러	약 9억~10억 달러 (한화 약 1.3조~1.5조 원)

비트코인의 역사는 불신과 조롱을 실력으로 잠재워온 과정이다. 2009년 사토시 나카모토가 제네시스 블록을 생성했을 때, 비트코인의 가격은 '0원'이었다. 2010년 피자 두 판을 1만 BTC와 바꾼 이른바 '피자 데이' 당시 1BTC의 가치는 고작 0.0025달러 수준에 불과했다. 하지만 그로부터 15년 뒤, 비트코인은 1억 원이라는 상징적인 고지를 점령했다. 이 경이로운 우상향 곡선 뒤에는 반드시 주목해야 할 법칙이 하나 있다. 바로 '새로운 저점의 상승'이다.

폭락의 공포 뒤에 숨겨진 계단식 지지선

사람들은 비트코인의 화려한 고점에만 주목한다. 2017년의 2,800만 원, 2021년의 8,000만 원, 그리고 최근의 1억 원 돌파가 그것이다. 그러나 투자자로서 우리가 주목해야 할 진실은 '얼마나 올

---

1. '피자데이' 사건 및 초기 비트코인 가격 설명 2010년 한 개발자가 10,000 BTC로 피자를 산 역사적 사건과 당시 가격대가 소개되어 있습니다. 이 기록은 "비트코인 초창기 가격: 0.0025달러 수준"이라는 보편적 설명과 일치하며, BTC가 사실상 거의 가치가 없던 자산에서 시작했음을 보여줍니다. *https://zodiacday.tistory.com/416*

　　　　　　　　　　　비트코인 10억 시대의 투자법

랐는가'가 아니라 '폭락했을 때 어디서 멈췄는가'에 있다.

비트코인은 주기적으로 70~80%에 달하는 처참한 하락장을 겪었다. 하지만 흥미로운 점은 그 폭락한 지점이 직전 주기의 저점보다 항상 압도적으로 높았다는 사실이다.

2013년: 1,000달러를 돌파한 뒤 200달러까지 폭락했을 때, 대중은 비트코인이 끝났다고 믿었다. 하지만 이는 초창기 1달러 미만 시절에 비하면 수백 배 높은 가격이었다.

2017년: 2만 달러 부근에서 3,000달러대까지 밀려났을 때도 마찬가지다. 누군가에게는 파산의 고통이었겠지만, 거시적 관점에서는 200달러 시절을 상상할 수 없는 '높은 저점'이었다.

2021년: 8,000만 원을 찍고 2,000만 원대까지 추락했을 때 역시, 과거의 저항선이었던 2017년의 고점이 강력한 지지선으로 작용하며 새로운 바닥을 형성했다.[2]

---

2. BTC 가격 역사 및 주요 고·저점
   • 비트코인 연도별 가격 히스토리 (과거부터 2025년까지) 2009년 거의 '0달러'에서 시작해 2010년 첫 거래, 이후 사상 최고가까지 총정리된 데이터입니다. 이 표에는 비트코인이 2010년 0.00~0.40 달러였고, 이후 2013년~2021년 주기별 최고가와 최저가 흐름이 정리되어 있습니다. *https://www.forbesindia.com/article/explainers/bitcoin-price-history/92523/1*

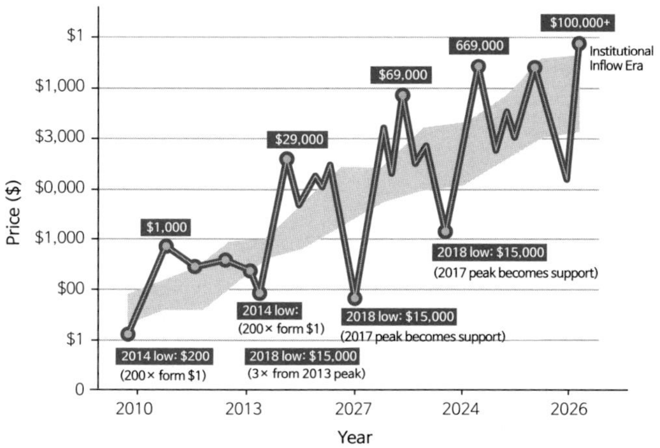

숫자가 증명하는 가치의 우상향

숫자는 거짓말을 하지 않는다. 비트코인의 가격은 단순히 투기 세력에 의해 춤을 추는 것이 아니다. 네트워크의 참여자가 늘어나고, 반감기를 통해 공급량이 줄어들며, 블랙록과 같은 거대 자본이 진입할 때마다 '가격의 하한선' 자체가 통째로 격상되어 왔다.

과거에 1,000만 원은 넘기 힘든 통곡의 벽이었으나, 이제는 폭락장에서도 쉽게 깨지지 않는 '바닥'이 되었다. 1억 원을 터치한 지금, 앞으로 우리가 맞이할 하락장의 저점은 아마도 과거의 우리가 그토록 염원하던 고점 부근일 가능성이 높다.[3]

---

3. 반복되는 상승과 하락의 구조 비트코인은 여러 사이클마다 급등·급락을 반복했으며, 장기적으로는 우상향하는 구조를 갖고 있다는 점이 분석되어 있습니다.
https://www.bankrate.com/investing/bitcoin-price-history/

     비트코인 10억 시대의 투자법

저점을 높이는 힘: 신뢰의 확장

비트코인이 1달러에서 1억 원까지 올 수 있었던 동력은 '비트코인이 무너질 것'이라는 의구심이 '무너지지 않을 것'이라는 확신으로 변해왔기 때문이다. 가격이 80% 하락해도 네트워크는 멈추지 않았고, 해시레이트는 오히려 강해졌다. 이 반복적인 학습 효과가 시장에 '비트코인은 망하지 않는다'는 심리적 하한선을 구축한 것이다.

결국 비트코인 10억 시대로 가는 길목에서 우리가 가져야 할 태도는 명확하다. 고점의 환희에 취하기보다, 새롭게 형성되는 저점이 어디인지 확인하고 그 단단한 지반 위에 올라타는 것이다. 과거의 고점이 오늘의 저점이 되는 이 놀라운 숫자의 증명이 바로 비트코인이 가진 가장 강력한 펀더멘털이다.

〈비트코인의 주요 하락 시기〉

https://zodiacday.tistory.com/416?utm_source=chatgpt.com

고팍스(GOPAX) 리서치 리포트의 핵심 정리

1. 경이로운 성장률 (역사적 수치)

- **상승 폭**: 2011년 0.3달러 → 2025년 111,980달러
  (약 3,700만% 상승).
- **연평균 수익률**: 2011~2025년 사이 연평균 약 142%라는 압도적
  성과 기록.
- **현재 위상**: 2025년 6월 기준, 시가총액 2.18조 달러, 시장 점유율
  64%로 생태계 압도

2. 가격을 분석하는 3가지 틀

- **기술적 분석**: 과거 가격과 거래량 데이터를 통해 추세 확인
  (예: 50일 이동평균선).
- **펀더멘털 분석**: 네트워크의 실제 사용량, 거래 건수 등 내재 가치 평가.
- **심리 분석**: 투자자들의 공포와 탐욕, 구글 검색량 등 시장 참여자의
  감정 활용

3. 가격 결정의 4대 요인

- **수급**: 2,100만 개의 한정된 수량 + 반감기 + 기업(마이클 세일러
  등)의 비축 수요.
- **규제**: 정부의 감독 방향에 따라 투자 접근성과 심리가 즉각 변동.
- **거시경제**: 금리, 통화량, 인플레이션 등 글로벌 경제 상황과 연동.
- **생산 비용**: 채굴에 들어가는 전기료와 장비 비용이 가격의 하단
  (바닥) 형성

4. 전통 자산과의 비교 (나스닥 vs 금)

비트코인은 장기적으로 나스닥 100과 금의 수익률을 크게 상회함.

하지만 연간 손실 폭도 가장 큰 '고변동성 자산'이므로 주의가 필요함.

5. 주요 예측 모델

- S2F(Stock-to-Flow) 모델:

  희소성을 바탕으로 분석하며, 반감기마다 가치가 상승함을 설명.
- **메트칼프 법칙**: 사용자 수의 제곱에 비례해 네트워크 가치가 커진다
  는 원리 (2025년 10만 달러 돌파 예측 적중).

한 줄 결론: 비트코인은 지난 14년간 극심한 변동성을 겪었지만, "어제의 저항선이 오늘의 지지선이 되는" 과정을 통해 가장 강력한 디지털 자산으로 성장했다.

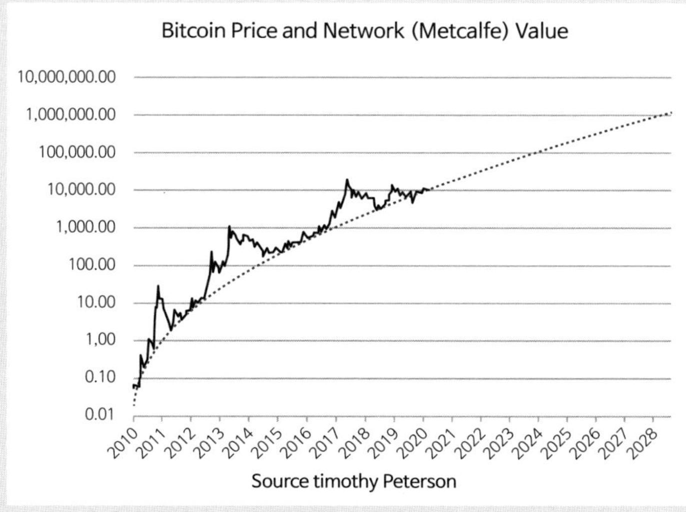

https://academy.gopax.co.krbiteukoin-gagyeogyi-byeonceonsa/?utm_source=chatgpt.com

2. 폭락의 역사, 그리고 항상 회복한 이유: 귀납적 가치 형성의 기록

"비트코인은 아마도 쥐약(Rat poison)을 제곱한 것과 같다."

— 워런 버핏 (버크셔 해서웨이 회장)

"가치 저장 수단도, 지불 수단도 아니다. 그것은 아무것도 아니다. 비트코인은 거대한 사기(Great fraud)다."

— 제이미 다이먼 (JP모건 체이스 CEO)

비트코인을 바라보는 대중의 시선이 가장 차가워질 때는 역설적으로 가장 큰 기회가 지나가고 있을 때다. 지난 15년간 비트코인은 수차례 '사망 선고'를 받았다. 고점 대비 80% 이상의 하락은 이 시장에서 드문 일이 아니었으며, 그때마다 비관론자들은 "거품이 드디어 터졌다"며 환호했다. 하지만 결과는 우리가 아는 바와 같다. 비트코인은 단 한 번의 예외 없이 직전 고점을 돌파하며 화려하게 부활했다.

단순히 운이 좋았기 때문일까? 아니다. 여기에는 '귀납적 가치 형성'이라는 치밀한 심리적, 구조적 메커니즘이 작동하고 있다.

고통스러운 폭락의 연대기

비트코인의 역사는 곧 처절한 하락의 역사이기도 하다.

2011년: 해킹 사건으로 32달러에서 2달러로 추락 (-94%)

2014년: 마운트곡스 파산 여파로 1,100달러에서 200달러대까지 하락 (-85%)

2018년: ICO 거품 붕괴와 규제 압박으로 2만 달러에서 3,000달러로 폭락 (-84%)

2022년: 루나-FTX 사태와 금리 인상 여파로 6만 9,000달러에서 1만 5,000달러까지 후퇴 (-77%)

이 숫자들은 단순한 통계가 아니다. 수많은 투자자가 시장을 떠나고, 언론이 연일 비관적인 기사를 쏟아내며, 대중이 비트코인을 '사기'라고 확신하게 만든 공포의 기록이다. 그러나 중요한 것은 이 파괴적인 하락세가 멈춘 지점에서 매번 더 강력한 반등이 시작되었다는 점이다.

귀납적 가치 형성: "죽지 않기에 강해진다"

철학자 니체는 "나를 죽이지 못하는 고통은 나를 더 강하게 만든다"고 했다. 비트코인에 이보다 더 적절한 문구는 없다. 시장 참여자들은 반복되는 폭락과 회복을 보며 일종의 귀납적 학습을 하게 된다. '지난번에도 망한다고 했지만 결국 올랐다'는 경험이 쌓이면서, 폭락은 더 이상 종말의 신호가 아닌 '저가 매수의 기회'로 데이터화된다. 하락장에서도 끝까지 물량을 던지지 않는 장기 보유자의 비율이 높아지고, 네트워크의 신뢰도는 가격과 무관하게 공고해진다. 즉, 비트코인의 가치는 어떤 이론적 배경보다도 "수차례의 파멸적 위기 속에서도 살아남았다"는 역사적 사실 그 자체에서 형성된다.

구조적 회복력의 근거: 반감기와 제도권의 결합

비트코인이 항상 회복할 수 있었던 바탕에는 설계된 희소성, 즉 '반감기'라는 강력한 엔진이 있다. 가격이 폭락해 채굴자들이 수익성 악화로 떠나더라도, 난이도 조절 알고리즘은 네트워크를 유지시킨다. 그리고 약 4년마다 돌아오는 반감기는 공급량을 강제로 줄여 수요-공급의 불균형을 야기하고, 이는 필연적인 가격 상승의 촉매제가 된다.

여기에 최근의 변화가 방점을 찍었다. 과거의 회복이 개인 투자자들의 '믿음'에 의존했다면, 이제는 블랙록, 피델리티 같은 글로벌 금융 자이언트들이 비트코인을 제도권 자산으로 편입시키며 '구조적 하방 지지선'을 구축했다. 이제 비트코인은 무너지고 싶어도 무너질 수 없는, 현대 금융 시스템의 일원이 된 것이다.

 비트코인 10억 시대의 투자법

다음 폭락을 기다리는 자세

우리는 인정해야 한다. 비트코인 10억 시대로 가는 길 위에서도 변동성은 여전할 것이고, 또 한 번의 '사망 선고'가 내려질 날이 올 것이다. 하지만 역사가 증명하듯, 비트코인에게 폭락은 시스템의 붕괴가 아니라 거품을 걷어내고 진정한 주인들에게 물량이 재분배되는 정화 과정이다.

항상 회복했다는 사실을 귀납적으로 이해하는 투자자에게 하락장은 공포가 아닌 축복이다. 부의 추월차선은 모두가 끝났다고 말하는 그 '회복의 직전'에 가장 넓게 열리기 때문이다.

결국 승자는 '심리를 설계한 사람'이다

비트코인 10억 원, 100억 원의 시대로 향하는 여정에서 승리하는 사람은 가장 똑똑한 사람이 아니다. 자신의 심리적 약점을 전략으로 보완한 사람이다. 하이브리드 전략은 바로 그 지점을 겨냥한다. 현물로 중심을 잡고, 선물로 변동성을 헤지(Hedge)하며, 감정이 개입할 여지를 최소화하는 구조를 만드는 것. 시장의 소음이 아닌 시스템에 따라 움직일 때, "비트코인은 끝났다"는 매번 틀리는 예언은 더 이상 공포가 아니라 기회 신호가 된다. 그리고 바로 그 지점에서 대중과 다른 결과가 만들어진다.

3. 사이클은 반복됐지만 고점은 계속 높아졌다: 확률적 우위의 통계학

"사이클이 존재하는 이유는 인간의 감정이 극단(공포와 탐욕)을 오가기 때문이다. 시스템은 변해도 인간의 본성은 변하지 않는다."

— 하워드 막스 (Howard Marks)
확률적 우위의 통계학

비트코인 투자를 '운에 맡기는 도박'으로 치부하는 이들이 공통적으로 놓치는 사실이 있다. 비트코인의 가격 차트에는 지난 15년간 단 한 번도 깨지지 않은 확률적 법칙이 존재한다는 점이다. 비트코인은 무작위로 오르내리는 자산이 아니다. 그 움직임은 명확한 구조를 가진 사이클 안에서 반복되어 왔고, 그 결과는 언제나 같았다. 사이클은 반복되었지만, 고점은 매번 더 높아졌다. 이 패턴을 이해하는 순간, 비트코인 투자는 '베팅'이 아니라 통계적 우위를 가진 게임이 된다.

4년 주기설: 반감기가 설계한 필연적 상승

비트코인 가격의 역사를 관통하는 가장 강력한 엔진은 4년마다 되돌아오는 반감기(Halving)다. 반감기는 채굴 보상이 절반으로

비트코인 10억 시대의 투자법

줄어드는 구조적 이벤트다. 이는 단순한 뉴스가 아니라, 공급 곡선 자체를 강제로 꺾어버리는 설계다. 역사적으로 비트코인은 반감기를 기점으로 약 12~18개월 후, 예외 없이 사상 최고가를 경신해 왔다.

1차 사이클: 약 12달러 → 1,100달러 돌파
(2012년 반감기)

2차 사이클: 약 650달러 → 2만 달러 돌파
(2016년 반감기)

3차 사이클: 약 9,000달러 → 6만 9,000달러 돌파
(2020년 반감기)

4차 사이클: 1억 원 돌파, 그리고 새로운 고점을 향한 진행형 사이클
(2024년 반감기)

여기서 중요한 것은 '상승했다'는 사실이 아니다. 매 사이클마다 이전 고점을 압도하며 자산의 체급 자체가 바뀌었다는 점이다. 같은 패턴, 다른 결과. 이것이 바로 복리와 네트워크 효과가 결합된 자산의 본질이다.

로그 차트가 보여주는 우상향의 일관성

선형 차트로 비트코인을 바라보면 변동성만 보이고 방향성은 흐려진다. 그러나 로그 차트(Logarithmic Scale)로 시야를 바꾸는

순간, 전혀 다른 그림이 나타난다.

비트코인은 지난 10년이 넘는 시간 동안 일정한 상승 채널 안에서 극도로 일관된 우상향 패턴을 유지해 왔다. 규제 이슈, 거래소 해킹, 금리 인상, 전쟁과 팬데믹. 당시에는 치명적인 악재처럼 보였지만, 장기 로그 차트에서는 모두 미세한 노이즈로 수렴했다. 통계적으로도 결과는 명확하다. 비트코인을 4년 이상 보유한 투자자 중 손실을 기록한 사례는 단 한 번도 없었다. 이것은 의견이 아니라 데이터다. 비트코인이 확률적으로 "이길 수밖에 없는 게임"임을 보여주는 증거다.

확률적 우위: 감정을 배제한 데이터의 힘

우리가 비트코인 10억 시대를 말하는 이유는 막연한 희망이나 낙관론이 아니다. 과거 사이클이 남긴 고점 격상의 법칙에 근거한 계산이다.

- 지속적으로 증가하는 M2 통화량
- 통제 불가능한 법정화폐의 공급
- 2,100만 개로 고정된 비트코인의 절대적 희소성

이 세 가지 변수가 동시에 작동하는 한, 다음 사이클의 고점이 현재보다 낮아질 확률은 통계적으로 0에 수렴한다. 대중은 가격이 흔들릴 때 감정에 반응해 포기하지만, 스마트 머니는 이 확률적 우위를 신뢰하며 조용히 물량을 축적한다. 고점은 계속 높아져 왔고, 역사는 단 한 번도 이 법칙을 배신하지 않았다.

이제 중요한 것은 '예측'이 아니다. 이 우위가 작동하는 시장에서 끝까지 포지션을 유지할 수 있는 구조를 갖추는 일이다. 그래서 하이브리드 전략이 필요하다. 현물로 사이클의 방향에 올라타고, 선물로 변동성을 관리하며, 확률이 우리 편인 게임에서 끝까지 퇴장하지 않는 것. 결국 부는 확률이 높은 쪽에 오래 머문 사람에게 이동한다.

참고자료
비트코인 반감기 일정 + 가격 반응 (공식 정리)

---

1. 비트코인 반감기란?

- **정의**: 약 **4년(210,000개 블록 생성)**마다 채굴 보상이 절반(50%)으로 줄어드는 이벤트다.
- **목적**: 발행 속도를 늦춰 희소성을 높이고 인플레이션을 방지하며, 총발행량 2,100만 개를 2140년까지 점진적으로 배분하기 위함이다.
- **최근 현황**: 2024년 4월 20일, 4번째 반감기가 완료되어 보상이 3.125 BTC로 줄었다.

2. 시장에 미치는 영향

- **희소성과 가격:** 신규 공급이 줄어들면 수요가 일정하거나 늘어날 때 가격 상승 압력이 발생한다. (과거 반감기 이후 12~18개월 내 큰 상승 추세 반복)
- **채굴자 수익성:** 보상이 절반으로 줄기 때문에 효율성이 낮은 소규모 채굴업자는 도태되고, 대형 기업 위주로 시장이 **재편(통합)** 된다.
- **기관 자산화:** 2024년 비트코인 현물 ETF 승인 이후, 반감기 효과와 기관 자금 유입이 결합되어 '디지털 금'으로서의 입지가 강화되었다.

차수	날짜	보상 변화 (BTC)	특징
최초	2009. 01. 03	50	비트코인 탄생
1차	2012. 11. 28	50 → 25	최초의 가치 증명
2차	2016. 07. 09	25 → 12.5	대중적 인지도 상승
3차	2020. 05. 11	12.5 → 6.25	기관 자금 유입 시작
4차	2024. 04. 20	6.25 → 3.125	ETF와 결합된 성숙기
5차	2028년 예정	3.125 → 1.5625	공급량 극감 시기

https://www.investopedia.com/bitcoin-halving-4843769
Investopedia - Bitcoin Halving Explained

2장

/

결국은 올랐다는 사실의 의미

1. 단기 가격 vs 장기 추세:
소음 속에서 신호를 찾아내는 법

"투자의 핵심은 소음 속에서 신호를 찾는 것이 아니라,

소음을 무시할 수 있는 인내심을 갖는 것이다."

— 나심 탈레브 ('블랙 스완' 저자)
소음 속에서 신호를 찾아내는 법

시장은 언제나 시끄럽다. 하루에도 수십 개씩 쏟아지는 뉴스 헤드라인은 비트코인이 왜 올랐는지, 왜 떨어졌는지에 대해 각자 그럴듯한 이유를 붙인다. 미국 연준의 금리 결정, 어느 국가의 규제 발언, 유명 인사의 트윗 한 줄.

"가격은 그때마다 민감하게 반응하며 널뛰기한다."

그러나 부의 추월차선에 올라탄 투자자들은 이 모든 소음을 애초에 분석 대상에서 제외한다. 그들이 보는 것은 단 하나다. 변하지 않는 '신호(Signal)', 즉 장기 추세다.

소음: 인간의 감정을 흔드는 단기적 변동

단기 가격은 자산의 가치가 아니라 시장 참여자들의 심리 상태를 반영한다. 공포, 탐욕, 조급함이 뒤섞여 만들어진 파동이다. 가격이

 비트코인 10억 시대의 투자법

5%만 하락해도 "비트코인 끝난 것 아니냐"는 말이 퍼지고, 5%만 상승해도 "지금이라도 타야 하는 것 아니냐"는 조바심이 고개를 든다. 사람들은 이 파동에 올라타려 하지만, 대부분은 타이밍을 맞추지 못한 채 거꾸로 휩쓸려 나간다. 단기 가격의 영역은 본질적으로 예측 불가능하다. 이 구간에 집착하는 순간 투자자는 판단하는 주체가 아니라 시장 감정에 반응하는 객체가 된다.

신호: 펀더멘털이 그리는 장기적 궤적

반면 장기 추세는 다르다. 이는 비트코인의 본질적 가치가 시간을 통해 축적되는 과정이다. 장기 추세를 구성하는 신호는 명확하다.

활성 주소 수의 증가:
얼마나 많은 사람이 실제로 네트워크를 사용하고 있는가
해시레이트의 지속적인 우상향:
네트워크의 보안성과 신뢰도가 얼마나 강화되고 있는가
기관 자금의 유입:
단기 투기 자본이 아닌, 목적을 가진 자금이 얼마나 쌓이고 있는가

이것이 바로 진짜 신호다. 가격은 소음 때문에 일시적으로 신호에서 이탈할 수는 있지만, 장기적으로는 반드시 신호가 가리키는 방향으로 수렴한다.[4]

시야를 바꾸는 순간, 변동성은 의미를 잃는다

10억 시대를 바라보는 투자자에게 10%의 하락은 위기가 아니다. 그것은 차트 위에 찍힌 아주 작은 굴곡에 불과하다. 장기 추세라는 거대한 파도 위에서는 단기 변동성은 더 이상 위협이 되지 않는다. 오히려 시장의 소음이 커질수록 신호는 더 또렷해진다.

결국 중요한 질문은 이것이다. 지금의 가격이 얼마인가가 아니라, 이 자산이 어떤 방향으로 가고 있는가. 이 질문에 답할 수 있는 순간, 시장은 더 이상 시끄러운 공간이 아니라 확률이 읽히는 구조로 바뀐다. 그리고 그때부터 비트코인은 '출렁이는 가격'이 아니라 시간 편에 서 있는 자산으로 보이기 시작한다.

2. 살아남은 자산의 조건: 지속성, 불변성, 그리고 남겨진 사람들

"시간은 위대한 자산에게는 친구이고, 평범한 자산에게는 적이다."

— 워런 버핏 (Warren Buffett)
지속성, 불변성, 그리고 남겨진 사람들

---

4. 분석의 근거가 되는 주요 이론 및 출처
메트칼프의 법칙 (Metcalfe's Law): 네트워크의 가치는 사용자 수의 제곱에 비례한다는 이론. 비트코인 가격 모델을 설명할 때 가장 많이 인용되는 근거.
관련 연구: Timothy Peterson, "Metcalfe's Law as a Model for Bitcoin's Value"
S2F (Stock-to-Flow) 모델: 금이나 비트코인처럼 희소한 자산의 가치를 신규 공급량 대비 기존 보유량으로 분석하는 모델. 출처: PlanB (@100trillionUSD)
온체인 데이터 분석 (On-chain Analysis): 가격(소음) 뒤에 숨겨진 실제 자금의 흐름(신호)을 분석하는 최신 경제학 기법. 주요 연구소: Glassnode, CryptoQuant (https://cryptoquant.com/)

비트코인 10억 시대의 투자법

시장은 끊임없이 새로운 자산을 만들어내고, 또 끊임없이 그것들을 폐기한다. 한때 세상을 바꿀 것처럼 보였던 벤처 기업의 주식, 백서를 장식했던 수많은 알트코인들, 유행처럼 번졌다가 사라진 투자 테마들. 그 대부분은 결국 시간을 이기지 못했다. 그래서 자산을 평가할 때 가장 먼저 던져야 할 질문은 이것이다.

"얼마나 올랐는가?"가 아니라 "끝까지 살아남았는가?"

이 질문에 답할 수 있는 자산은 많지 않다. 그리고 비트코인은 '살아남았다'는 사실 하나만으로 이미 자산의 급을 달리한다.

지속성과 불변성의 힘

자산이 장기적으로 가치를 인정받기 위해서는 두 가지 조건을 반드시 충족해야 한다.

첫째, 불변성: 시간이 지나도 그 성질이 바뀌지 않아야 한다.
둘째, 지속성: 어떤 외부 압력에도 시스템이 멈추지 않아야 한다.

비트코인은 지난 15년 동안 단 1초의 셧다운도 없이 작동해 왔다. 중앙 통제 주체도, 최종 책임자도 없이 네트워크는 스스로를 유지했다. 이 점에서 비트코인은 디지털 자산이 아니라 디지털 환경에서 구현된 '자연 자산'에 가깝다. 금이 수천 년 동안 가치 저장 수단으로 기능할 수 있었던 이유는 화려해서가 아니라, 썩지 않고 변하지 않았기 때문이다. 비트코인은 같은 속성을 디지털 세계에서 증명해 냈다. 코드는 바뀌지 않았고, 공급량은 고정되었으며, 누구도 임의로 규칙을 바꿀 수 없었다.

남겨진 사람들: 신념이 자본이 되는 과정

폭락장이 찾아올 때마다 가벼운 마음으로 들어온 투기 자본은 가장 먼저 시장에서 사라진다. 그러나 공포의 시간을 견디고 끝까지 남겨진 사람들, 이른바 HODLers는 비트코인의 가장 강력한 기반이 된다. 이들은 단순한 투자자가 아니다. 비트코인의 규칙과 철학, 그리고 장기적 가치를 신뢰하는 네트워크의 실질적 주인들이다. 폭락을 거칠 때마다 비트코인의 물량은 확신 없는 손에서 신념을 가진 손으로 이동한다. 이 과정이 반복될수록 자산의 소유 구조는 점점 단단해지고, 그 자산은 쉽게 무너지지 않는 요새가 된다. 결국 시장에서 살아남는 자산이란 가격이 강한 자산이 아니라, 주인이 강한 자산이다. 비트코인은 가격이 흔들릴수록 오히려 주인이 정제되었고, 그 과정 자체가 비트코인을 더 강한 자산으로 만들었다. 그래서 비트코인은 단순히 오래된 자산이 아니라, 검증을 통과한 자산이다.

3. 비트코인은 왜 사라지지 않았는가:
지정학적 불안에 대한 유일한 보험

"전쟁이 터졌을 때 금괴는 무겁고 부동산은 두고 떠나야 하지만, 비트코인은 12개의 단어(시드 구문)만 기억하면 전 세계 어디든 당신의 부를 그대로 옮겨준다."

— 알렉스 글래드스타인 (Alex Gladstein, 인권재단 CSO)

시스템이 멈춰도 개인의 권리는 멈추지 않는다

러시아-우크라이나 전쟁의 포화, 중동의 만성적 유혈 사태, 그리고 날을 세우는 미·중 패권 경쟁까지. 오늘날 세계는 단순히 경기가 좋고 나쁨을 따지는 '순환의 시대'를 지나, 언제든 판 자체가 뒤집힐 수 있는 **'구조적 불확실성의 시대'**로 진입했다. 이제 국가 간의 갈등은 어쩌다 발생하는 돌발 변수가 아니라, 우리가 일상을 영위해야 할 상시적인 리스크가 되었다. 이 거대한 불안의 파도 속에서 비트코인은 단순한 투기적 자산의 껍데기를 벗어던진다. 그것은 기존의 정치·경제 시스템이 붕괴될 때를 대비한 가장 강력한 **탈출구(Exit Strategy)**로서 그 존재 이유를 증명하고 있다.

국경 없는 자산: 국가 권력으로부터의 완벽한 분리

전쟁과 제재가 시작되는 순간, 가장 먼저 무너지는 것은 '통화에 대한 신뢰'다. 한 국가의 화폐 가치는 종잇조각이 되고, 평생을 일궈 은행에 맡긴 자산은 동결되거나 인출이 금지된다. 역사는 이 비극적 인 장면을 수없이 반복해 왔다. 하지만 비트코인은 이 지점에서 인류 가 한 번도 경험하지 못한 해답을 제시한다.

물리적 실체가 없음: 포화 속에서도 소실되지 않는다.
허가가 필요 없음: 국경을 넘을 때 누구의 승인도 받지 않는다.
통제 불가능: 특정 국가의 중앙은행이 발행량을 조절하거나
계좌를 막을 수 없다.

단 12개 혹은 24개의 **복구 문구(Seed Phrase)**만 머릿속에 기억하고 있다면, 국가가 붕괴되고 은행 시스템이 멈춰도 개인의 재 산권은 온전히 보존된다. 인류 역사상 개인의 자산을 이토록 간결하 고 완전하게 국가 권력으로부터 분리해 준 수단은 존재하지 않았다.

법정 화폐의 몰락에 베팅하는 '반취약성'
법정 화폐는 태생적으로 국가의 운명에 저당 잡혀 있다. 과도한 부 채, 정치적 목적에 따른 무분별한 통화 발행, 왜곡된 금리 정책. 이 구 조가 반복될수록 우리가 가진 화폐의 가치는 서서히 희석된다. 아이러 니하게도 비트코인은 기존 금융 시스템의 균열을 먹고 자란다. 어느 한

　　　　　　　　　　　　비트코인 10억 시대의 투자법

국가의 흥망성쇠에 베팅하는 것이 아니라, 오히려 기존 시스템이 흔들릴수록 그 가치가 선명해지는 '반취약적(Antifragile)' 속성을 지니기 때문이다. 위기는 비트코인을 약화시키지 않았다. 오히려 위기 때마다 비트코인은 자신이 왜 존재해야 하는지를 스스로 증명해 보였다.

비트코인 10억 시대가 의미하는 것

비트코인이 사라지지 않은 이유는 대중의 유행이나 투기적 광풍 때문이 아니다. 인류가 이 정도로 명확한 '보험'을 가져본 적이 없었기 때문이다.

- 국경을 넘을 수 있는 보험
- 국가의 몰락에도 작동하는 보험
- 은행 시스템이 마비되어도 유효한 보험

비트코인은 이 모든 조건을 동시에 만족시키는 사실상 유일한 선택지다. 그래서 비트코인은 사라지지 않았고, 앞으로도 사라질 수 없다. 우리가 마주할 '비트코인 10억 시대'는 단순히 자산 가격이 치솟는 숫자 놀음이 아니다. 그것은 기존 금융 시스템의 신뢰가 임계점에 다다랐음을 의미하며, 비트코인이 제도권의 대안으로서 최종적인 승리를 확정 짓는 시대적 선언이다. 가격은 그 과정에서 뒤따라오는 결과일 뿐이다. 비트코인을 살아남게 한 원동력은 언제나 '절박한 필요성'이었다.

PART 2.

왜 비트코인가:
화폐의 종말과
새로운 부의 규칙

3장

/

돈의 역사로 본 비트코인

1. 조개 ▶ 금 ▶ 종이 ▶ 디지털:
인류가 선택해온 가치 저장의 도구들

"금이 농경 시대와 산업 시대의 가치 저장 수단이었다면,

비트코인은 정보 시대의 유일한 가치 저장 수단이다."

— 마이클 세일러 (Michael Saylor)

돈은 곧 '에너지'의 저장소다

인류의 역사는 전쟁의 기록이기 이전에, 더 나은 돈을 찾아 끊임없이 항해해온 여정이었다. 화폐는 단순히 물건을 사고파는 수단이 아니다. 그것은 우리가 쏟아부은 시간과 노동, 즉 생존을 위해 투입한 '에너지'를 미래로 안전하게 전송하기 위한 저장 장치다. 그래서 인류는 매 시대마다 스스로에게 질문을 던졌다. "내가 흘린 땀의 가치를 가장 온전하게 담아낼 그릇은 무엇인가?"

조개와 소금: 희소성이 권력이 되다

아주 오래전, 인류는 조개껍데기와 소금을 돈으로 삼았다. 그것들은 당시에 구하기 어려웠고, 잘 썩지 않았으며, 누구나 가치를 인정하는 '희소한' 물건이었기 때문이다. 그러나 기술은 언제나 화폐의 적이었다. 채집 기술과 교역이 발달하자 조개는 더 이상 귀한 대접을

받지 못했고, 흔해진 조개는 화폐로서의 자격을 상실했다. 공급을 통제할 수 없는 순간, 그것은 더 이상 에너지를 담는 그릇이 될 수 없다.

금: 완벽에 가까웠으나 무거웠던 왕좌

인류가 찾아낸 위대한 해답은 '금'이었다. 금은 희소했고, 변하지 않았으며, 그 누구도 연금술로 만들어낼 수 없었다. 수천 년 동안 금은 부의 상징이자 가치 저장의 정점(Apex)으로 군림했다. 화폐 역사에서 이토록 오랫동안 인류의 신뢰를 독점한 자산은 단언컨대 없었다. 그러나 금에게도 치명적인 결함이 있었다. 바로 '무게'였다. 부를 축적할수록 이동은 불가능에 가까워졌고, 대규모 장거리 거래에서 금은 극도로 비효율적인 도구였다.

종이 화폐: 편리함이 가져온 배신의 서사

해결책은 명료했다. 무거운 금은 안전한 금고에 맡기고, 그 권리를 증명하는 '증서'를 주고받는 것. 이것이 종이 화폐의 시작이었다. 초기 종이 화폐는 엄격한 약속이었다. "이 종이를 가져오면 언제든 금으로 바꿔주겠다"는 금본위제라는 신뢰 말이다. 하지만 1971년, 미국의 닉슨 대통령이 금태환 정지를 선언하면서 이 약속은 일방적으로 파기되었다. 그 순간 종이 화폐는 실물 가치라는 '닻'을 잃어버렸다. 이후 돈은 더 이상 노동의 가치를 보존하는 장치가 아니

 비트코인 10억 시대의 투자법

라, 국가의 정치적 필요에 따라 언제든 찍어낼 수 있는 '신용 기반의 숫자'로 전락했다.

디지털 화폐: 신뢰를 수학에 맡기다

이제 인류의 여정은 다시 시작되었다. 무겁고 이동이 어려운 금, 그리고 신뢰를 배신하고 가치를 희석하는 종이 화폐를 넘어, 수학과 알고리즘으로 증명되는 자산으로 진화하고 있는 것이다. 비트코인은 금의 '희소성'과 디지털의 '전송 편의성'을 완벽하게 결합한 존재다.

절대적 희소성:

발행량은 2,100만 개로 고정되어 누구도 바꿀 수 없다.

불가역적 규칙:

중앙의 통제 없이 전 세계 네트워크가 규칙을 수호한다.

광속의 이동성:

국경과 무게에 구애받지 않고 인터넷을 통해 즉시 이동한다.

역사의 필연적 결론

비트코인은 어느 날 갑자기 떨어진 기술적 돌연변이가 아니다. 그것은 화폐 진화의 역사 속에서 탄생한 가장 자연스럽고 필연적인 다음 단계다. 조개에서 금으로, 금에서 종이로, 그리고 이제 다시 신뢰를 인간이 아닌 수학에 맡기는 시대로. 이 거대한 흐름을 이해하는 순간, 비트코인은 더 이상 낯선 실험이 아니라 인류가 수천 년간 갈구해온 '완벽한 돈'에 대한 최종적인 응답으로 보이기 시작할 것이다.

2. 중앙화된 돈의 한계:
신뢰의 외주화가 가져온 부작용

"정부가 돈을 찍어낼 때, 그것은 당신의 주머니에서 보이지 않게

부를 훔쳐가는 행위와 같다."

— 프리드리히 하이에크 (Friedrich Hayek)

우리가 당연하게 여겼던 '신뢰의 외주화'

현대 금융 시스템은 단 하나의 거대한 전제 위에 설계되어 있다. 우리는 신뢰를 직접 관리하지 않는다. 대신 특정 기관에 '맡긴다'. 내 돈은 은행이 안전하게 보관해 줄 것이라 믿고, 화폐 가치는 정부가 지켜줄 것이라 믿는다. 이것이 바로 **'신뢰의 외주화'**다.

문제는 이 신뢰가 선의나 도덕이 아니라, 고도로 집중된 '권력' 위에서 작동한다는 점이다. 역사가 증명하듯, 권력이 한곳에 고이는 순간 시스템은 필연적으로 부패하거나 취약해진다.

은행 시스템의 착시: 금고는 비어 있다

우리는 은행 계좌의 숫자를 보며 내 돈이 거기 있다고 믿는다. 하지만 그것은 거대한 착시다. 은행은 우리가 맡긴 돈을 금고에 쌓아 두지 않는다. **'부분지급준비제도'**라는 교묘한 설계 아래, 예치된 자산을 기반으로 수배, 수십 배의 대출을 실행해 이익을 챙긴다. 이 과정에서 실물은 없지만 숫자로만 존재하는 '허수의 돈'이 시장에 넘쳐난다. 모두가 동시에 돈을 찾으려 하지 않는 평상시에는 이 마술이 유지된다. 그러나 단 한 번, 신뢰에 금이 가는 순간 시스템의 민낯이 드러난다. 그것이 바로 **뱅크런(Bank Run)**이다. 모두의 돈은 결코 동시에 존재할 수 없다. 이것이 우리가 믿어온 중앙화된 금융의 구조적 비극이다.

허락받은 소유: 숫자에 접근할 권한뿐인 주인

문제는 은행만이 아니다. 우리가 쓰는 모든 법정 화폐는 궁극적으로 국가 권력의 통제 아래 있다. 정부는 정치적 목적이나 경제 위기 대응, 혹은 제재와 규제라는 명분 아래 언제든 개인의 자산을 동결하고 거래를 차단할 수 있다. 중앙화된 시스템 안에서 우리는 내 돈의 진정한 주인이 아니다. 우리는 그저 은행 데이터베이스에 기록된 '접근 권한'을 잠시 부여받은 사용자에 불과하다. 우리가 통제하는 것은 자산 그 자체가 아니라, 그 숫자에 접근해도 좋다는 권력의 '허락'일 뿐이다.

2008년, 무너진 외주화의 환상

2008년 글로벌 금융위기는 이 외주화된 신뢰가 얼마나 쉽게 모래성처럼 무너질 수 있는지를 전 세계에 타전했다. 시스템을 맹신했던 개인들은 삶의 터전을 잃고 손실을 떠안았지만, 시스템을 망가뜨린 거대 기관들은 '대마불사'라는 명분 아래 구제금융을 받았다. 신뢰는 개인에게 요구되었지만, 책임은 공유되지 않았다. 이 참담한 모순 속에서 인류는 근본적인 질문을 던지기 시작했다.

"중앙 권력을 신뢰하지 않아도 스스로 작동하는 돈은 불가능한가?"

비트코인: 신뢰를 거부함으로써 완성된 시스템

비트코인은 바로 이 질문에 대한 인류의 최종 응답으로 등장했다. 누구의 승인도 필요 없고, 누구도 임의로 규칙을 바꿀 수 없으며, 그 누구도 타인의 거래를 막을 수 없는 시스템. 비트코인은 신뢰를 사람이나 기관의 변덕이 아니라, 수학과 검증 가능한 코드에 맡긴다. 이것이 바로 비트코인이 지향하는 '트러스트리스(Trustless, 신뢰가 필요 없는)' 시스템의 본질이다. 비트코인의 진짜 가치는 매일 변하는 가격에 있지 않다. 그것은 인류 역사상 최초로 '신뢰를 외주 주지 않아도 되는' 화폐 시스템을 구축했다는 점에 있다. 비트코인이 단순한 투자 자산을 넘어, 부의 독점으로부터 개인을 지켜내는 '해방의 기술'이라 불리는 이유가 바로 여기에 있다.

3. 인플레이션은 설계된 세금이다:
당신의 구매력을 훔치는 보이지 않는 손

"국가는 화폐를 찍어냄으로써 국민의 저축을 몰수한다.
이 과정은 수백만 명 중 한 명도 알아채지 못할 만큼 은밀하고 파괴적이다."

— 존 메이너드 케인즈 (John Maynard Keynes)

안전하다는 착각, 녹아내리는 자산

우리는 어릴 때부터 "열심히 벌어서 저축하는 것이 미덕"이라고 배웠다. 하지만 이 가르침은 오늘날 반은 맞고 반은 틀린 말이 되었다. 당신의 은행 계좌에 찍힌 숫자는 그대로일지 모르나, 그 숫자가 담고 있는 '실질적 가치'는 지금 이 순간에도 끊임없이 증발하고 있기 때문이다. 이 조용하고도 집요한 약탈의 이름이 바로 인플레이션이다.

숫자는 남고, 가치는 사라진다

정부가 경기 부양이나 부채 탕감을 이유로 통화량을 늘리면 시장에 돈은 흔해지고, 화폐 한 단위가 갖는 구매력은 추락한다. 10년 전 1,000원으로 살 수 있었던 물건이 지금 2,000원이 되었다면, 그것은 물가가 오른 것이 아니다. 당신이 가진 돈의 가치가 정확히 절반으로 잘려 나간 것이다. 인플레이션의 무서움은 그 손실에 대한 영수증이 발행되지 않는다는 데 있다. 법전 어디에도 '세금'이라는 이름으로 기록되어 있지 않다. 그래서 인플레이션은 **'가장 교묘하고 비민주적인 세금'**이다. 국민투표도, 국회의 통과도 거치지 않은 채, 당신의 구매력을 서서히, 그리고 확실하게 강탈해 간다.

돈의 흐름을 아는 이들은 이미 떠났다

아이러니하게도 이 메커니즘을 가장 잘 아는 사람들은 시스템을 설계한 자들이다. 자본가들은 결코 현금을 오래 들고 있지 않는다. 그들에게 현금이란 시간이 지나면 반드시 녹아버리는 '아이스크림'과 같기 때문이다. 그들은 현금을 버리고 부동산, 주식, 그리고 공급이 제한된 희소 자산으로 끊임없이 도망친다. 돈이 풀릴수록 자산 가격은 천정부지로 치솟고, 오직 현금과 노동 소득에만 의존하는 사람들은 가만히 앉아서 가난해진다. 이것이 바로 보이지 않는 손이 만들어내는 **'거대한 부의 격차'**다.

인플레이션은 당신의 시간을 훔친다

인플레이션이 진정 잔인한 이유는 그것이 돈이 아니라 당신의 **'노동 시간'**을 훔치기 때문이다. 같은 물건을 사기 위해 과거보다 더 많은 시간을 일해야 한다면, 당신의 인생에서 증발해버린 그 시간은 어디로 갔는가? 그것이 바로 당신이 모르는 사이 국가와 시스템이 가져간 보이지 않는 세금의 정체다.

2,100만 개: 약탈을 멈추는 수학적 방어선

비트코인의 발행량이 2,100만 개로 영원히 고정된 이유는 단순하다. 인플레이션이라는 조작된 게임에서 완전히 빠져나오기 위해서다. 누구도 마음대로 더 찍어낼 수 없고, 그 누구도 규칙을 변경할 수 없다. 당신의 자산이 타인의 정치적 결정이나 중앙은행의 실책으로 희석되지 않는다. 비트코인을 소유한다는 것은 단순한 가격 상승에 베팅하는 투기가 아니다. 그것은 인플레이션이라는 약탈로부터 자신의 경제적 주권을 되찾겠다는 단호한 선언이다.

돈은 도망치는 자의 편이다

우리가 말하는 '비트코인 10억 시대'는 단순히 숫자가 커지는 미래를 뜻하지 않는다. 인플레이션이라는 교묘한 도둑의 정체를 깨닫고, 그로부터 가장 먼저 도망친 사람들이 만들어내는 가치 이동의 결과물이다. 돈은 가만히 앉아 있는 자를 보호하지 않는다. 돈의 본질을 이해하고 행동하는 자의 편으로 이동할 뿐이다. 그리고 그 거대한 가치 이동의 최종 종착지가 지금, 비트코인이다.

4장

/

비트코인이
'돈'이 될 수밖에 없는 이유

1. 2,100만 개, 바꿀 수 없는 규칙: 디지털 시대의 절대적 희소성

"모든 가치 있는 것은 희소하다. 그러나 오직

비트코인만이 '절대적으로' 희소하다."

— 세이프딘 아무스 (Saifedean Ammous)

희귀함은 신뢰가 되고, 신뢰는 돈이 된다

인류의 경제사는 더 희귀한 것에 자신의 가치를 저장하려는 끝없는 투쟁이었다. 희귀함은 곧 타인이 내 자산을 함부로 희석할 수 없다는 신뢰였고, 그 신뢰가 모여 화폐가 되었다. 하지만 냉정하게 말해, 인류가 지금까지 손에 넣었던 자산 중 '완벽하게 희소한 것'은 단 하나도 없었다.

금조차 완벽하지 않았던 이유: 공급의 탄력성

금은 오랫동안 절대적 희소성의 대명사였다. 그러나 금에게도 치명적인 약점이 있었다. 가격이 오르면 공급이 늘어난다는 점이다. 금값이 폭등하면 인류는 더 깊은 지각을 파헤치고, 바닷속 금을 캐는 기술을 개발하며, 이제는 소행성 채굴까지 논의한다. 수요가 가격을 올리고, 높아진 가격이 다시 공급을 자극하는 구조 속에서 그 어떤 자산도 '절대적 희소성'을 유지할 수 없다. 인간의 욕망과 기술이 결합하는 순간, 공급의 빗장은 언제나 풀려왔기 때문이다.

비트코인: 수요에 반응하지 않는 최초의 자산

비트코인은 이 지점에서 인류의 상식을 뒤엎는다. 역사상 처음으로 수요가 아무리 폭증해도 공급이 단 1단위도 늘어나지 않는 자산이 등장한 것이다. 비트코인의 코드에는 단 하나의 숫자가 신성불가침의 영역으로 새겨져 있다.

2,100만 개

이 숫자는 단순한 설정값이 아니다. 정치적 협상의 대상도 아니며, 다수결로 바꿀 수 있는 규칙도 아니다. 1억 명의 새로운 사용자가 내일 당장 비트코인 네트워크에 몰려와도 발행 속도는 변하지 않으며, 총량은 단 1사토시도 늘어나지 않는다.

디지털 세계에 구현된 물리 법칙

비트코인의 '2,100만 개'라는 규칙은 단순한 프로그래밍을 넘어, 디지털 세계에 구현된 물리 법칙에 가깝다. 현실 세계에서 중력의 법칙을 바꿀 수 없듯, 비트코인 네트워크의 합의 알고리즘은 인간의 변덕과 권력의 압력을 거부한다.

만약 누군가 이 숫자를 바꾸려 한다면, 그는 전 세계에 흩어진 수만 개의 노드와 채굴자들을 동시에 설득해야 한다. 설령 그것이 가능하다 해도, 그 순간 비트코인은 희소성이라는 본질을 잃고 무가치해질 것이기에 참여자들은 결코 그 길을 선택하지 않는다. 이 수학적 강제성과 불가역성이야말로 디지털 시대가 처음으로 손에 넣은 '절대적 희소성'의 정체다.

투자를 넘어 '확정된 지분'의 선점

비트코인을 소유한다는 것은 단순히 가격 변동성에 베팅하는 행위가 아니다. 그것은 전 세계 부의 총량 중 '확정된 지분'을 영구적으로 선점하는 것에 가깝다. 중앙은행이 화폐를 찍어내든, 권력자가 시스템을 흔들든, 당신이 가진 1비트코인이 전체 발행량에서 차지하는 비중은 영원히 변하지 않는다.

당신의 몫은 타인의 결정에 의해 결코 희석되지 않는다. 그래서 비트코인은 투자의 대상이기 이전에, 침범받지 않는 소유의 대상이다. 그리고 이 절대적 희소성이라는 단단한 토대야말로, 비트코인이 결국 인류의 가장 진보된 '돈'이 될 수밖에 없는 가장 근본적인 이유다.

2. 국가도 기업도 통제하지 못하는 화폐: 무허가성과 검열 저항성

"비트코인은 독재자들에게 치명적이다. 그들이 국민의 자산을 추적하거나 통제하는 것을 원천적으로 불가능하게 만들기 때문이다."

— 알렉스 글래드스타인 (Alex Gladstein, 인권재단 CSO)

현대 금융은 '허락'의 시스템이다

현대 금융은 겉보기엔 한없이 자유롭고 편리해 보이지만, 본질적으로는 철저한 '허락의 시스템'이다. 당신이 피땀 흘려 정당하게 번 돈일지라도, 은행 창구가 문을 닫는 순간이나 정부가 버튼 하나를 누르는 찰나, 그 돈은 더 이상 '당신의 것'이 아니다. 단지 조작 불가능한 화면 속의 숫자로 남겨질 뿐이다. 이 불편한 진실은 평온한 일상 속에서는 교묘하게 가려져 있다. 그러나 전쟁, 국제적 제재, 급격한 경제 위기처럼 시스템이 흔들리는 순간, 개인의 재산권은 가장 먼저 시험대에 오른다. 그리고 대개 그 결과는 참혹했다.

허락받아야 하는 돈의 한계: 당신은 주인이 아니라 사용자다

우리는 흔히 은행 계좌를 내 지갑이라 착각한다. 하지만 냉정하게 말해 그것은 은행이 허락해 주는 동안에만 접근할 수 있는 **'임시 보관함'**에 가깝다. 국가 역시 마찬가지다. 정치적 필요나 위기 대응이라는 명분 아래, 정부는 언제든 개인의 계좌를 동결하고 거래를 차단할 권력을 쥐고 있다. 이때 드러나는 사실은 단 하나다. 중앙화된 화폐 시스템 안에서 당신은 자산의 진정한 '주인'이 아니라, 시스템 설계자의 규칙을 따라야 하는 '사용자'일 뿐이라는 점이다.

비트코인: 허락을 제거한 최초의 화폐

비트코인은 이 낡고 수직적인 구조를 뿌리째 뽑아내고 처음부터 다시 설계했다. 비트코인 네트워크에는 명령을 내리는 주인도, 데이터를 독점하는 중앙 서버도, 계좌를 막는 관리자도 존재하지 않는다. 누구에게 계정을 만들어 달라고 머리를 숙일 필요도, 내 돈을 써도 되느냐고 허락을 구할 필요도 없다. 인터넷이 연결된 곳이라면 지구 반대편 오지에서도, 지갑을 생성하는 그 즉시 당신은 시스템의 동등한 주역이 된다. 이것이 바로 비트코인의 핵심 가치인 무허가성(Permissionless)이다.

검열이 불가능한 구조: 권력으로부터의 해방

허락이 필요 없다는 것은 단순히 편리하다는 뜻을 넘어선다. 그 필연적인 결과로 따라오는 것이 바로 검열 저항성(Censorship Resistance)이다. 특정 국가나 권력이 당신의 거래를 막으려 해도 비트코인 네트워크는 멈추지 않는다. 비트코인 거래를 완전히 차단하려면 전 세계에 거미줄처럼 흩어진 수만 개의 노드를 동시에 파괴해야 한다. 이는 물리적으로나 경제적으로 불가능에 가깝다. 결국 비트코인은 권력이 화폐를 무기로 삼아 개인을 길들이고 통제하는 것을 구조적으로 원천 차단한다.

인류 역사상 가장 민주적인 돈

비트코인은 어느 국가의 화폐도 아니며, 어느 거대 기업의 서비스도 아니다. 규칙은 모두에게 투명하게 공개되어 있고, 참여 조건은 국적과 신분을 가리지 않으며, 그 누구도 예외적인 권력을 가질 수 없다. 재산 규모나 사회적 지위와 무관하게 동일한 수학적 규칙이 적용되는 화폐. 인류 역사상 이토록 독립적이고 민주적인 돈은 존재한 적이 없었다. 진짜 해방은 '통제권'을 되찾는 것에서 시작된다. 비트코인의 진정한 가치는 요동치는 가격 그래프에 있지 않다. 내 재산의 생사여탈권을 국가나 은행에 구걸하지 않고, 오직 나 자신이 온전히 쥐고 있다는 감각에 있다.

이 단순하고도 강력한 사실이 비트코인을 수많은 자산 중 하나가 아닌, 인류를 경제적 예속으로부터 구출하는 '해방의 화폐'로 만든다. 그리고 이 독보적인 독립성이야말로 비트코인이 결국 인류의 새로운 '돈'이 될 수밖에 없는 이유다.

3. 금보다 강한 희소성: 수학적 불변성이 주는 신뢰의 무게

"비트코인은 금의 2.0 버전이 아니다. 금이 가진 모든 결함(운반, 보관, 불투명한 공급량)을 해결한 '완성된 형태의 디지털 금'이다."

— 카메론 윙클보스 (Cameron Winklevoss)

아날로그의 왕, 디지털의 문턱에서 길을 잃다

금은 수천 년간 인류가 선택한 가치 저장의 제왕이었다. 왕조가 무너지고 제국이 지도에서 사라지는 풍파 속에서도 금의 가치만은 꿋꿋이 살아남았다. 하지만 시대가 변했다. 모든 것이 빛의 속도로 연결되는 디지털 세상에서, 아날로그 시대의 왕은 서서히 그 한계를 드러내고 있다.

금의 치명적인 약점: 물리적 한계와 신뢰의 비용

금은 희소하지만, 지독하게 불편하다. 무겁고 옮기기 어려우며, 소액 거래를 위해 잘게 쪼개는 과정 또한 까다롭다. 가장 큰 문제는 '진위 확인'에 있다. 금의 순도를 확인하려면 정밀한 장비와 전문가의 감정, 그리고 그에 따르는 시간과 비용이 소모된다.

결국 개인은 금을 안전하게 보관하고 거래하기 위해 다시 은행이나 거대 금고라는 **'중앙화된 신뢰'**에 의존할 수밖에 없다. 금의 가치는 물리적 실체에 기반하지만, 그 유통 시스템은 여전히 '누군가를 믿어야만 하는' 취약한 토대 위에 서 있다.

비트코인: 희소성을 수학의 영역으로 끌어올리다

비트코인은 금이 봉착한 물리적 한계에 대한 답을 '수학'으로 제시했다.

무게가 없는 가치: 비트코인에는 무게가 없다. 국경도, 물리적 거리도 가로막을 수 없다. 인터넷이 닿는 곳이라면 부(富)는 빛의 속도로 이동한다.

즉각적인 검증: 진짜인지 가짜인지 의심할 필요가 없다. 블록체인 탐색기를 여는 것만으로 단 0.00000001 BTC(사토시) 단위까지 즉각 검증된다.

비트코인 네트워크에서 우리는 누군가를 '믿을' 필요가 없다. 그저 수학적으로 **'확인'**하면 될 뿐이다.

신뢰의 시대에서 검증의 시대로

금의 세계에서는 "이 금은 진짜입니다"라는 권위 있는 자의 보증이 필요했다. 하지만 비트코인의 세계에서는 인간의 말 대신 수학적 알고리즘이 증명한다.

정치적 압력도, 인간의 탐욕도, 위기 속에서 흔들리는 타협도 알고리즘의 철벽 앞에서는 무력하다. 한 번 정해진 2,100만 개라는 규칙은 그 누구에게도 예외를 허용하지 않는다. 신뢰를 '사람'에게 외주 주던 시대가 가고, 신뢰를 '시스템' 자체에서 추출하는 검증의 시대가 도래한 것이다.

아날로그 금 vs 디지털 금

금이 아날로그 문명의 궁극적 자산이었다면, 비트코인은 디지털 문명이 요구한 완성형 희소성이다.

- 금은 땅속에서 캐내야 하기에 가격이 오르면 공급이 늘어날 가능성이 열려 있지만, 비트코인은 코드 속에 이미 총량이 박제되어 있다.
- 금은 보증하는 주체를 믿어야 하지만, 비트코인은 네트워크를 통해 누구나 직접 검증할 수 있다.

비트코인, '궁극의 금'이라는 정체성

비트코인의 희소성은 막연한 기대나 희망이 아니라, 결코 굴절되지 않는 불변의 규칙이다. 인간이 바꿀 수 없는 법칙, 권력이 흔들지 못하는 총량, 시간이 흘러도 부패하지 않는 수학.

이것이 바로 금보다 강한 희소성의 실체다. 비트코인이 단순히 '디지털 자산'을 넘어 디지털 시대의 궁극의 금(Apex Gold)이라 불리는 이유는 바로 이 수학적 불변성이 주는 신뢰의 무게 때문이다.

5장

/

비트코인의 시대는
이미 열렸다

1. 기관 · ETF · 국가의 선택:
비주류의 실험에서 주류의 자산으로

비주류의 장난감이라 치부되던 시절

비트코인이 처음 세상에 고개를 내밀었을 때, 세상은 비웃음으로 화답했다.

"실체 없는 인터넷 속 가짜 돈"

"범죄자들이나 사용하는 사이버 토큰"

"몇 명의 괴짜가 즐기는 위험한 실험"

주류 경제학자들에게 비트코인은 분석의 가치조차 없는 조롱의 대상이었다. 그들에게 무시는 비판보다 쉬웠고, 냉소는 이해보다 간편했다. 하지만 그들이 비트코인의 사망 진단서를 작성하는 동안에도, 비트코인의 네트워크는 단 1초의 멈춤 없이 블록을 쌓아 올리고 있었다.

조롱하던 자들이 물러난 자리, 거대 자본이 들어오다

15년이 지났다. 그리고 장면은 완전히 바뀌었다. 비트코인을 비웃던 이들은 하나둘 자취를 감추었고, 그 빈자리를 세계에서 가장 보수적이고 영리한 자본들이 채우기 시작했다.

블랙록(BlackRock), 피델리티(Fidelity)

세계 최대의 자산운용사들이 비트코인 현물 ETF를 출시했다는 사실은 단순한 금융 상품 하나가 추가된 것이 아니다. 이것은 기존 금융 권력이 비트코인을 향해 던진 **'항복 선언'이자 '공식 인정'**이다. 제도권 금융이라는 단단한 성벽은 무너졌고, 비트코인은 변두리의 불온한 실험에서 벗어나 글로벌 자본시장의 중앙 무대로 당당히 입성했다.

투기 자금이 나가고, 전략 자금이 들어왔다

진짜 주목해야 할 변화는 가격의 수치가 아니라 **'돈의 성격'**이다. 과거의 비트코인 시장이 개인들의 막연한 욕망과 단기적 투기세력에 의해 요동쳤다면, 지금 시장을 채우는 돈은 그 무게부터가 다르다.

- 연기금과 대학 기금
- 초대형 자산운용사의 포트폴리오
- 국가 단위의 전략 비축 자본

이들은 오늘의 시세에 일희일비하지 않는다. 이들이 바라보는 지평선은 10년, 20년, 그리고 다음 세대에 닿아 있다. 비트코인은 이제 '대박을 노리는 복권'이 아니라, 거대 자산가들의 포트폴리오에서 결코 빼놓을 수 없는 '가장 강력한 축'이 되었다.

국가가 움직인다는 것: 새로운 지정학적 문법

더욱 경이로운 변화는 '국가'라는 거대 주체들의 움직임이다. 엘살바도르는 비트코인을 법정 화폐로 채택하며 금융 소외 계층을 구제하기 시작했고, 부탄은 국가 차원에서 비트코인을 채굴하며 전략 자산을 축적하고 있다.

심지어 세계 최강국 미국의 대선 후보들이 비트코인을 '국가 전략 비축 자산(Strategic Reserve)'으로 논의하는 시대가 왔다. 이것은 단순한 유행이 아니다. 기존 달러 패권과 금융 시스템의 균열을 감지한 국가들이 생존을 위한 '대안'을 찾기 시작했다는 명백한 증거다.

비트코인은 더 이상 '실험'이 아니다

시장은 이미 준엄한 판결을 내렸다. 비트코인은 이제 '사라질지도 모르는 자산'이 아니라, '가지고 있지 않으면 위험해지는 자산'이 되었다. 주류 금융권이 비트코인을 받아들인 이유는 그것을 사랑해서가 아니다. 기존 시스템의 한계를 극복하기 위해 비트코인이 반드시 '필요'했기 때문이다.

위기가 깊어질수록, 비트코인은 대안이자 보험으로서 금융의 중심부로 더욱 빠르게 빨려 들어가고 있다.

게임은 이미 시작되었다

비트코인의 시대는 "언젠가 올 것"이 아니다. 이미 활짝 열렸다. 조롱의 시대는 막을 내렸고, 질서 있는 편입의 시대가 시작되었다.

이제 남은 질문은 하나다. 거대한 가치의 해일이 밀려오는 이 흐름 속에서 당신은 끝까지 구경꾼으로 남을 것인가, 아니면 새로운 시대의 지분을 선점하는 주인공이 될 것인가.

2. 반대하던 금융권이 편입한 이유: 현실적인 대안(Alternative)으로서의 가치

"처음에는 무시하고, 그다음에는 비웃고, 그다음에는 싸우지만,

결국에는 패배하여 수용하게 된다."

미워서가 아니라, 살아남기 위해 선택한 대안

불과 몇 년 전까지만 해도 월스트리트의 목소리는 한결같았다.

그랬던 그들의 오늘날은 어떤가. 비판을 쏟아내던 입으로 비트코인 현물 ETF를 광고하고, 가장 먼저 전담 데스크를 설치하며, 고객들에게 비트코인을 포트폴리오에 담으라고 권유하고 있다. 이것은 결코 신념의 변화가 아니다. 기존 시스템의 균열을 감지한 자들의 '본능적인 위기 인식'이다.

그들은 시스템이 망가졌다는 걸 누구보다 먼저 보았다

금융권은 도덕적이지 않다. 하지만 부패의 냄새에는 누구보다 민감하다. 무한정 찍혀 나오는 법정 화폐, 눈덩이처럼 불어나는 국가 부채, 그리고 정치적 논리에 휘둘리는 통화 정책. 자본의 최전선에 서 있는 그들은 이미 알고 있다. 이 구조 안에서 '현금'은 더 이상 안전 자산이 아니라는 사실을 말이다.

가만히 들고만 있어도 가치가 썩어 들어가는 현금 시스템 속에서 자본은 절박한 질문을 던졌다. "이 망가진 시스템 밖에, 진정한 대안은 없는가?" 그때 그들의 레이더에 다시 잡힌 것이 바로 비트코인이었다.

비트코인 10억 시대의 투자법

금융 자본이 인정한 '압도적인 실용성'

금융 자본이 비트코인을 수용한 배경에는 고결한 이상이나 철학이 없다. 오직 차갑고 명확한 실용성뿐이다.

365일 24시간 멈추지 않는 시장: 물리적 시간의 제약을 파괴한다.

경을 초월한 즉시 결제: 낡고 느린 중개 네트워크를 건너뛴다.

신뢰가 필요 없는 네트워크: 중개 비용을 획기적으로 낮춘다.

수학적으로 고정된 공급량: 그 무엇보다 확실한 가치 보존의 근거가 된다.

그들에게 비트코인은 기존 금융을 파괴하는 적이 아니다. 오히려 기존 시스템이 붕괴할 때 자신들을 태우고 떠날 가장 튼튼한 '구명보트'이자, 금융 시스템의 대대적인 '업그레이드 버전'이다.

적이 아니라 가장 확실한 보험이 되다

이제 금융권에게 비트코인은 더 이상 위협의 대상이 아니다. 오히려 그들은 비트코인을 다음과 같이 정의한다.

- 인플레이션이라는 거센 파도를 막아주는 방파제
- 자산 포트폴리오의 무게 중심을 잡아주는 균형추

● 전통 금융의 시스템 리스크를 상쇄하는 최후의 헤지(Hedge) 수단

그래서 그들은 말은 아끼되 행동은 누구보다 빠르다. 대외적인 비판은 접어두고, 조용히 비트코인을 자산의 축으로 편입한다. 자본은 언제나 정의로운 편에 서지 않는다. 오직 이길 가능성이 높은 편에 설 뿐이다.

자본의 대이동은 이제 막 시작되었다

중요한 사실은 이 거대한 가치의 이동이 이제 막 초입에 들어섰다는 것이다. 역사적으로 자본의 이동은 늘 '개인 투자자 ▶ 기관 ▶ 국가'의 순서로 반복되어 왔다. 지금은 거대 기관의 자금이 물밀듯 들어오는 단계다. 그리고 기관의 돈은 한번 자리를 잡으면 쉽게 나가지 않는다. 그들이 비트코인을 선택한 이유는 단 하나, 대안이 없기 때문이다.

금융권은 비트코인을 믿어서 들어온 것이 아니다. 망하지 않기 위해, 살아남기 위해 들어왔다. 거대 자본이 움직이기 시작했다는 사실 그 자체가 이미 비트코인의 시대가 거스를 수 없는 현실이 되었음을 증명하고 있다.

3. "투기"에서 "자산"으로의 전환: 포트폴리오의 필수 요소가 된 비트코인

"비트코인은 현대 투자 이론의 '성배'인 '상관관계 낮은 자산'의 정점이다.
주식과 채권이 동시에 무너질 때 비트코인은 독자적인 길을 걷는다."

복권의 시대는 가고, 전략의 시대가 왔다

한때 비트코인을 산다는 말은 "모험심이 과하다" 혹은 "운에 인생을 걸었다"는 뜻으로 통용되었다. 하지만 지금은 다르다. 이제 시장은 정반대의 질문을 던지기 시작했다.

"당신은 왜 아직도 비트코인을 소유하지 않았는가?"

시대가 바뀌면 단어의 정의도 바뀐다. 비트코인은 더 이상 대박을 노리는 복권이 아니다. 자본주의라는 불안정한 게임에서 개인의 구매력이 증발하는 리스크를 방어하기 위한, 가장 현대적인 '자산 배분 도구'가 되었다.

전통적인 포트폴리오의 배신: 주식과 채권의 동반 하락

전통 금융의 교과서는 오랜 세월 이렇게 가르쳐 왔다.

"주식이 떨어지면 안전 자산인 채권이 오른다."

그러나 현실은 이 교과서를 무참히 찢어버렸다.

고금리, 인플레이션, 그리고 지정학적 리스크가 동시다발적으로 터져 나오자 주식과 채권은 손을 잡고 함께 추락했다. 포트폴리오의 양 날개가 동시에 부러진 셈이다. 이때 투자자들은 뼈아픈 진실을 깨달았다. 동일한 금융 시스템 안에서만 자산을 나누는 것은 진정한 분산이 아니라, 시스템 붕괴라는 하나의 구멍에 몰아넣은 '착각'이었다는 사실을 말이다.

비상관성(Non-correlation): 다르게 움직인다는 것의 가치

비트코인의 진짜 가치는 단순히 가격이 많이 오른다는 데 있지 않다. 기존의 전통 자산들과 '다르게 움직인다'는 데 있다. 주식 시장이 흔들리고, 채권 시장이 무너지며, 중앙은행의 정책이 갈피를 잡지 못할 때 비트코인은 독자적인 수학적 논리와 속도로 움직인다. 통계학은 명확한 해답을 제시한다.

포트폴리오의 단 1~5%만 비트코인에 할당해도, 전체 자산의 수익 대비 변동성 효율(Sharpe Ratio)은 비약적으로 상승한다. 비트코인이라는 작은 조각이 전체 포트폴리오의 구조를 훨씬 더 단단하고 견고하게 만드는 것이다.

질문의 방향이 바뀌는 순간, 자산이 된다

시장은 이미 준엄한 판결을 끝냈다. 이제 질문은 "비트코인은 너무 위험하지 않은가?"가 되어서는 안 된다. 대신 우리는 스스로에게 이렇게 물어야 한다.

"왜 이 불확실한 시대에, 아무런 대안도 없는
현금과 종이 자산에 내 인생의 100%를 걸고 있는가?"

비트코인을 보유하지 않는 것이 오히려 기존 시스템에 대한 무모한 '집중 투자'가 되어버린 역설적인 시대다.

투기는 희망을 사고, 자산은 확률을 산다

'비트코인 10억 시대'를 준비하는 이들에게 비트코인은 더 이상 막연한 꿈이 아니다. 그것은 정교하게 설계된 보험이자, 무너져가는 금융의 균열을 메우는 균형추이며, 가장 냉철한 생존 전략이다. 다가올 새로운 경제 질서 속에서 내 가족의 노동 시간과 구매력을 지키기 위한 가장 계산된 선택. 투기는 그저 막연한 희망에 돈을 던지지만, 진정한 자산가는 승리의 확률에 자본을 배치한다. 그리고 지금, 역사의 확률은 분명히 비트코인의 편에 서 있다.

PART 3.

핵심: 비트코인 10억은 숫자가 아니라 수학이다

6장

/

10억 도달의
필연적 시나리오

1. 글로벌 유동성과 M2 통화량: 달러 가치 하락이 만드는 강제적 가격 상승

비트코인은 오르는 것이 아니라, 화폐가 무너지는 것이다

비트코인의 가격 상승을 단순히 '기술적 성공'이나 '강력한 서사'로만 설명하는 것은 본질을 놓치는 일이다. 비트코인이 오르는 가장 근본적인 이유는 비트코인이 특별해서가 아니다. 우리가 일상에서 사용하는 '돈'이 끊임없이 망가지고 있기 때문이다.

현대 경제는 거대한 부채의 성(城) 위에 세워져 있다. 성장은 차입으로 급조하고, 위기는 무분별한 통화 발행으로 덮는다. 이 위태로운 구조를 유지하기 위해 중앙은행은 인쇄기를 멈출 수 없다. 돈을 찍어내지 않는 순간, 부채로 연명하던 시스템 전체가 단숨에 무너지기 때문이다. 그 결과는 숫자로 명확히 드러난다. 글로벌 M2 통화량(광의의 통화) 차트는 지난 수십 년간 단 한 번도 꺾인 적이 없다. 위기 때마다 속도만 빨라졌을 뿐, 방향은 언제나 하나였다. 우상향.

돈의 단위가 싸지는 '조용한 약탈'

시장에 돈이 늘어난다고 해서 우리가 부자가 되는 것은 아니다. 단지 돈의 단위가 싸지는 것뿐이다. 10년 전 10억 원으로 살 수 있

었던 강남의 아파트가 지금 30억 원이 되었다면, 그 아파트가 3배 더 '좋아진' 것인가? 아니다. 기준이 되는 화폐의 가치가 3분의 1로 깎였을 뿐이다. 사람들은 이를 "내 집값이 올랐다"며 자산 가격의 상승이라 부르지만, 정확한 경제적 표현은 **'화폐 가치의 추락'**이다. 당신이 잠든 사이에도 중앙은행은 돈을 찍어내며 당신의 지갑 속 구매력을 희석하고 있다.

열린 계(Open System)와 닫힌 계(Closed System)
이 지점에서 비트코인의 숙명적인 성격이 결정된다.

법정 화폐는 '열린 계'다:
정치적 필요와 경제적 위기에 따라 공급량이 무한히 팽창한다.
입구가 열려 있어 누구든 마음만 먹으면 가치를 섞어버릴 수 있다.
비트코인은 '닫힌 계'다:
총량은 2,100만 개로 고정되어 있으며, 이 숫자는 핵전쟁이 터져도 바뀌지 않는다. 입구가 완전히 봉쇄된 완결된 시스템이다.

무한히 늘어나는 시스템과 절대 늘지 않는 시스템이 같은 공간에서 맞물릴 때, 결과는 선택의 문제가 아니다. 그것은 거스를 수 없는 산술의 법칙이다.

　　　　　　　　　　　　　　　　　　비트코인 10억 시대의 투자법

해수면이 상승하면 섬의 높이는 변한다

무한히 팽창하는 글로벌 통화량은 거대한 바다와 같다. 그리고 비트코인은 해발 고도가 고정된 단단한 섬이다.

해수면이 차오르면 섬이 스스로 자라나지 않아도 섬의 상대적 높이는 커진다. 비트코인의 가격 상승은 섬이 일으킨 기적이 아니다. 바다(통화량)가 차오르기 때문에 발생하는 필연적인 현상이다. 바닷물이 발밑까지 차오를 때 사람들은 섬으로 기어 올라올 수밖에 없고, 그 섬의 땅값은 천정부지로 치솟게 된다.

10억은 예측이 아니라 '환산'이다

비트코인 10억 원은 누군가의 희망 회로나 과장된 꿈이 아니다. 계속해서 늘어나는 통화량을, 절대 늘지 않는 한정된 자산으로 환산했을 때 도달하게 되는 자연스러운 산출물이다.

비트코인은 오르고 있는 것이 아니다. 법정 화폐라는 지반이 내려앉고 있을 뿐이다. 화폐 시스템의 부채 구조가 유지되는 한, 그리고 중앙은행이 파산을 막기 위해 인쇄기를 돌리는 한, 비트코인 10억 도달은 가능성의 영역이 아니라 시간의 문제다.

1. M2 통화량 증가와 비트코인 가격의 연관성

글로벌 중앙은행들의 M2(넓은 통화량) 증가가 전 세계 유동성 확대 및 BTC 가격과 함께 움직였다는 데이터를 볼 수 있는 차트.

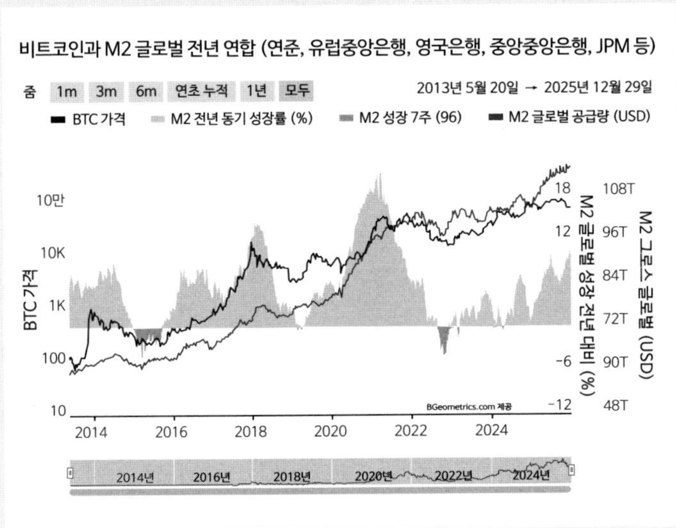

https://charts.bgeometrics.com/m2_global.html charts.bgeometrics.com

2. M2가 사상 최고 수준을 기록하고 있으며, 이와 함께 비트코인 가격도 강세를 보인다는 분석 기사

2025년 중반부터 2026년 초까지의 주요 뉴스들을 가장 핵심 요약

1 비트코인 가격 및 시장 전망

- **목표**: 글로벌 유동성(M2) 공급이 역대 최고치($55.48조)를 기록함에 따라 비트코인 목표가가 17만 달러(약 2.4억 원)로 제시됨.
- **상승 동력**: 달러 가치 하락(DXY 100 미만)과 현물 ETF를 통한 기관 수요가 상승을 주도함.
- **2026년 전망**: 전문가들 사이에서 5만 달러(조정) vs **25만 달러(추가 상승)**로 의견이 나뉘지만, 거래량은 지속적으로 유입 중.

2 전통 금융권의 참전 (제도권 안착)

- **벨기에 KBC 은행**: 소매 고객 대상 비트코인·이더리움 투자 서비스 출시 준비 중.
- **피터 틸(Peter Thiel)**: 붕괴한 실리콘밸리은행(SVB)을 대신해 스타트업과 크립토 기업을 지원할 새로운 은행 '에레보르(Erebor)' 설립 추진.

3 기술 및 생태계 변화

- **실물 자산(RWA) 혁신**: 비트스왑(BeatSwap)이 K-팝 IP(지식재산권) 700개를 온체인화하며 RWA 시장 1위 등극.
- **탈중앙화 거래소(DEX)**: 팬케이크스왑이 솔라나 확장 및 크로스체인 업그레이드로 분기 거래량 5,300억 달러 돌파, 역대 최고치 경신.

한 줄 결론: 2026년은 글로벌 유동성 확대와 전통 은행의 크립토 도입이 맞물리며, 비트코인이 단순 투기 자산에서 글로벌 핵심 금융 자산으로 확고히 자리 잡는 시기이다.

https://cointelegraph.com/news/bitcoin-target-sits-around-170k-as-global-m2-supply-reaches-record-high Cointelegraph

3. 비트코인 희소성 vs 법정화폐 인플레이션

Why Bitcoin's fixed supply could be the ultimate hedge against inflation. As major institutions invest, Bitcoin proves it's more than a speculative game, despite lingering doubts.

비트코인: 인플레이션 시대의 '디지털 금'

- **공급의 희소성**: 세상의 거의 모든 자산은 가격이 오르면 공급도 늘어나지만, 비트코인은 가격과 상관없이 발행량이 2,100만 개로 딱 고정되어 있어. 이 '절대적 희소성'이 인플레이션 방어의 핵심.

- **기관의 검증**: 블랙록(BlackRock), 피델리티(Fidelity) 같은 거대 금융사들이 연기금을 투입하고 ETF를 출시했다는 건, 비트코인이 단순한 투기판을 넘어 실질적인 자산으로 인정받았음을 의미.

- **가치 저장 수단**: 실생활 결제용으로는 아직 불편할 수 있지만, 화폐 가치가 떨어지는 인플레이션 상황에서 내 재산을 지켜주는 '디지털 저축'으로서의 역할이 더 커지고 있음.

한 줄 결론: "무한정 찍어내는 달러와 달리 비트코인은 더 만들 수 없다. 이것이 거대 자본이 비트코인을 '보험'으로 선택한 이유다."

https://www.thestreet.com/crypto/markets/why-bitcoins-fixed-supply-could-be-the-ultimate-hedge-against-inflation TheStreet

2. 금 시가총액 추월:
디지털 금으로서의 목표가 계산 ($50만~$100만)

디지털 금의 일차적 목표, 금의 왕좌를 넘보다

비트코인의 가치를 측정할 때 일차적인 비교 대상은 언제나 '금'이다. 현재 전 세계 금의 시가총액은 약 14~15조 달러 규모에 달한다. 반면 비트코인의 시가총액은 아직 금의 10분의 1 수준에 머물러 있다.

만약 비트코인이 '디지털 금'으로서 금의 지위를 완전히 대체하거나, 최소한 대등한 수준의 가치 저장 수단으로 인정받는다면 어떤 일이 벌어질까? 산수는 의외로 명확하다. 14조 달러를 비트코인의 최종 발행량인 2,100만 개로 나누면, 1BTC당 가격은 약 67만 달러(한화 약 9~10억 원)에 수렴한다.

여기에 젊은 세대의 압도적인 선호도, 디지털 환경의 탁월한 편의성, 그리고 이동과 보관의 효율성이라는 가산점을 더한다면 비트코인이 금의 시가총액을 추월하는 것은 시간문제다. 그 순간 비트코인 100만 달러(약 13~14억 원) 시대는 더 이상 꿈이 아닌, 통계적으로 도달 가능한 목표가가 된다. 우리는 지금 인류 역사상 가장 거대한 자산의 대이동, 즉 '아날로그 금'에서 '디지털 금'으로 부의 흐름이 바뀌는 서막을 목격하고 있다.

S2F(Stock-to-Flow) 모델의 재해석: 공급 절벽이 만드는 기하급수적 폭발력

지구상에서 가장 희소한 물질의 탄생

비트코인 가격 예측 모델 중 가장 정교하다고 평가받는 S2F (Stock-to-Flow) 모델은 자산의 희소성을 측정한다. '기존 보유량 (Stock)'을 '연간 생산량(Flow)'으로 나눈 이 수치가 높을수록 해당 자산은 희소하며 가치 저장 수단으로서 적합하다는 의미다. 금이 수천 년간 가치를 유지할 수 있었던 비결도 바로 이 S2F 비율이 다른 금속에 비해 압도적으로 높았기 때문이다. 하지만 2024년 네 번째 반감기를 거치며 역사는 뒤집혔다. 비트코인의 S2F 비율이 금을 공식적으로 추월한 것이다. 이제 비트코인은 인류가 발견하거나 발명한 그 어떤 물질보다도 희소한 존재가 되었다.

수학이 설계한 공급 절벽: 기하급수적 상승의 엔진

4년마다 돌아오는 반감기는 단순한 기술적 이벤트가 아니다. 그것은 시장에 공급되는 신규 물량을 강제로 절반씩 쳐내는 '공급 절벽'이다. 경제학의 기본 원칙은 단순하다. 수요가 일정하기만 해도 공급이 줄면 가격은 오른다. 그런데 지금 비트코인 시장은 어떤가? 공급은 4년마다 절반으로 줄어드는데, 수요는 개인을 넘어 블랙록과 같은 거대 기관, 그리고 국가 단위로 폭증하고 있다. 공급은 기하급수적으로 줄고 수요는 산술급수적으로 느는 이 강력한 수학적 충돌이 비트코인의 가격을 우리가 상상하는 그 이상의 높이로 밀어 올릴 것이다.

1. What Is the Bitcoin Stock-to-Flow Model (S2F)?

2026년 비트코인 '17만 달러' 시대…
S2F 모델의 한계와 새로운 '수요의 법칙'

비트코인이 2025년 사상 최고치인 12만 달러를 돌파하며 디지털 자산 시장의 새 지평을 열었다. 하지만 이번 상승장은 과거와는 사뭇 다른 양상을 보이고 있다. 단순히 발행량이 줄어드는 '공급 측면'의 변화를 넘어, 전례 없는 강력한 '수요 요인'들이 가격 방정식을 새로 쓰고 있기 때문이다.

S2F 모델의 퇴장과 '수요'의 역습
그간 비트코인 가격 예측의 '수정구슬'로 통했던 PlanB의 S2F(Stock-to-Flow) 모델은 2025년을 기점으로 사실상 그 유효성을 다했다는 평가가 지배적이다. S2F 모델이 비트코인의 '희소성'이라는 공급 로직에만 매몰된 사이, 시장은 더욱 복잡한 변수들에 의해 움직이기 시작했다.
특히 우호적인 거시경제 환경이 결정적이었다. 금리 인하 기조와 양적 완화에 따른 글로벌 유동성(M2)의 폭발적 증가는 화폐 가치 하락을 불러왔고, 투자자들은 인플레이션 헤지 수단으로 비트코인을 선택했다.

여기에 'GENIUS 법안'과 같은 친암호화폐 법안의 통과는 제도적 불확실성을 해소하며 기관 투자자들의 '안전한 참전'을 이끌어냈다.

'진짜 신호'는 가격이 아닌 네트워크에 있다
전문가들은 이제 가격이라는 '소음' 뒤에 숨겨진 세 가지 **'진짜 신호'**에 주목하라고 조언한다.

- **활성 주소 수의 증가**: 얼마나 많은 이가 실제로 네트워크를 사용하는가는 비트코인의 내재 가치를 결정짓는 핵심 지표다.
- **해시레이트의 우상향**: 사상 최고치를 경신 중인 해시레이트는 네트워크의 보안성과 신뢰도가 그 어느 때보다 견고함을 증명한다.
- **기관 자금의 유입**: 블랙록, 피델리티 등 거대 자산운용사의 ETF를 통한 자금 유입은 단기 투기가 아닌 장기적 목적을 가진 '스마트 머니'의 축적을 의미한다.

"시야를 바꾸면 변동성은 의미를 잃는다"
S2F 모델이 가격 예측 도구로서는 실패했을지 몰라도, 비트코인이 '검증 가능한 희소 자산'임을 대중에게 각인시킨 공로는 크다. 이제 비트코인은 단순한 코인을 넘어, 글로벌 자산 포트폴리오의 필수 요소로 자리 잡았다. 비트코인 가격은 일시적으로 신호에서 이탈할 수 있으나, 결국 네트워크의 확장성과 희소성이라는 본질적 방향으로 수렴할 것이다. 한 분석가는 "시장의 소음에 일희일비하기보다, 기관 자금이 쌓이는 속도와 네트워크의 성장을 지켜보는 것이 2026년 투자 성패를 가를 것"이라고 강조했다.

https://www.coingecko.com/learn/bitcoin-stock-to-flow-model-explained
Bitcoin Stock-to-Flow (S2F) Model Explained

2. What Is Bitcoin S2F Model and How to Use It

한때 비트코인 투자자들에게 '성서'처럼 여겨졌던 스톡 투 플로우(S2F) 모델이 거센 비판의 파도에 직면했다. 2025년 비트코인이 12만 달러를 돌파하며 모델의 예측치를 따라가는 듯 보였으나, 전문가들 사이에서는 "더 이상 공급량(희소성)만으로는 시장을 설명할 수 없다"는 회의론이 확산되고 있다.

공급은 줄었는데 가격은 왜… '수요' 무시한 모델의 한계
S2F 모델의 가장 큰 결함은 경제학의 기본인 '수요'를 변수에서 배제했다는 점이다. 모델은 채굴량이 절반으로 줄어드는 반감기마다 비트코인의 가치가 기하급수적으로 상승한다고 주장하지만, 현실은 다르다.
비트와이즈(Bitwise)의 안드레 드라고슈 리서치 책임자는 "현재 비트코인 ETF와 기업 재무 자산 편입을 통한 기관 수요가 최근 반감기 이후 줄어든 공급량보다 7배 이상 크다"며, "공급 감소(Flow)보다 거대 자본의 유입(Demand)이 시장에 더 강력한 영향을 미치고 있다"고 지적했다. 즉, 아무리 공급이 적어도 규제 강화나 대체 자산의 등장으로 수요가 꺾이면 가격은 폭락할 수밖에 없으나, S2F 모델은 이를 전혀 반영하지 못한다.

'흐름(Flow)'의 영향력 감소… "재고(Stock)가 시장을 지배한다"
모델은 새로 유입되는 비트코인 양에 주목하지만, 비평가들은 이미 시장에 풀린 **1,900만 개 이상의 '재고(Stock)'**에 주목해야 한다고 강조한다.금의 사례가 대표적이다. 전 세계 금 채굴이 내일 당장 중단된다고 해서 금값이 영구적으로 폭등하지는 않는다. 이미 시장에 충분한 금이 존재하고, 이를 보유한 사람들이 가격에 따라 물량을 내놓기 때문이다.

비트코인 역시 채굴 보상이 줄어드는 영향력은 갈수록 희미해지는 반면, 기존 보유자들의 매도·매수 심리가 가격 결정의 핵심으로 떠오르고 있다.

"지도로는 유용하지만, 항해 도구로는 위험"
비탈릭 부테린을 포함한 업계 인사들은 "사용자에게 가격 상승의 확신을 주는 재무 모델은 해로울 수 있다"며 S2F 모델의 맹신을 경고해 왔다. 특히 비트코인의 시장 지배력이 약화되거나 예상치 못한 글로벌 규제가 닥칠 경우, 공급 기반의 수식은 무용지물이 된다.
결론적으로 S2F 모델은 비트코인이 왜 '희소한 디지털 자산'인지를 대중에게 직관적으로 이해시킨 공로는 크지만, 투자 지표로서는 유통기한이 다했다는 평가다. 전문가들은 **"가격을 결정하는 것은 수학 공식이 아니라, 기관의 자금 흐름과 네트워크의 실제 사용성이라는 '진짜 신호'에 있다"**고 입을 모았다.

CoinMarketCap Academy – What Is Bitcoin S2F Model and How to Use It
https://coinmarketcap.com/academy/article/what-is-bitcoin-stock-to-flow-s2f-model-and-how-to-use-it
CoinMarketCap

3. PlanB S2F Model Bitcoin Prediction
   (Global Economic News)

'플랜 B'라고 불리는 익명의 비트코인 분석가가 70만4,000명의 트위터 팔로워에게 악명 높은 S2F(stock-to-flow) 비트코인 가격 모델에 대한 업데이트를 제공했다. 플랜 B는 현지시각 27일 비트코인 S2F 모델이 "크리스마스까지 10만 달러 도달을 전망한다"며 "다음 달이 중요한 시기가 될 것"이라고 강조했다.

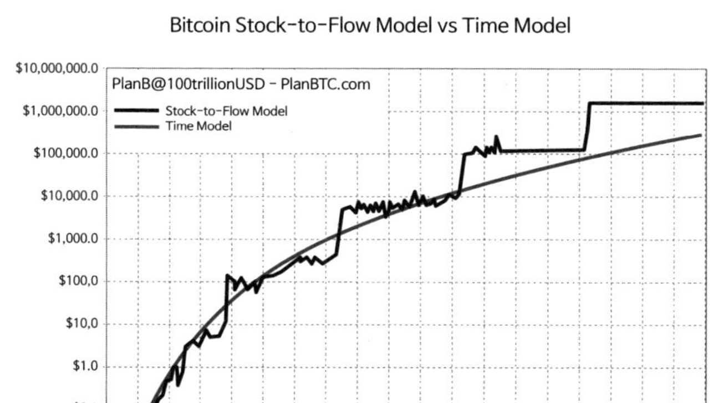

〈 2021년 8월 27일 플랜 B가 공유한 S2F 차트 〉

플랜 B는 S2F(stock-to-flow) 가격 모델로 널리 알려진 비트코인 세계에서 인기 있는 인물이다. 기본적으로 모델은 상품(비트코인) 희소성을 수량화한 다음 이를 연간 발행량(흐름)으로 나눈다. 꽤 오랫동안 플랜 B와 다른 많은 S2F 팬은 이 모델이 맞는다면, 비트코인이 언젠가는 10만 달러에 도달할 수 있고 미래에는 코인당 100만 달러에 이를 수 있다고 주장했다. 그러나 비트코인(BTC) 가격은 단위당 6만4,000달러 이상의 가치에 도달한 후 6월과 7월에 크게 하락했다.

가격 하락 후 비트코인 닷컴 뉴스는 플랜 B가 비트코인 "황소장이 끝나지 않았다"고 여전히 확신하는 방법에 대해 보도했다. 지난 S2F 업데이트에 이어 플랜 B는 27일 자신의 모델에 대해 이야기하며 예측했다. 플랜 B는 트위터에 "비트코인 주식 대 흐름 모델은 크리스마스까지 10만 달러를 예측한다. 시간 모델(수익 감소, 주기 연장)은 다음 달이 관건이 될 것이다. 색상 오버레이는 S2F에 따라 하단(파란색)과 상단(빨간색) 사이에 있음을 나타내는 온체인 신호(반감기 시간이 아님)이다"라고 덧붙였다.

인투더크립토버스닷컴(Intothecryptoverse.com)의 벤자민 코웬(Benjamin Cowen)은 플랜 B의 27일 트윗에 "S2F 모델에서 하는 것처럼 위-아래로 이동할 수 있다" 답했다.

인투더크립토버스닷컴(Intothecryptoverse.com)의 벤자민 코웬(Benjamin Cowen)은 플랜 B의 27일 트윗에 "S2F 모델에서 하는 것처럼 위-아래로 이동할 수 있다" 답했다. 플랜 B는 코웬의 견해에 대해 "물론 비트코인 가격은 두 모델 모두 위아래로 움직일 수 있다. (요점은) 비트코인 가격이 현재시간 모델보다 높기에 시간 모델. 그리고 (BTC 가격)은 벨로우 S2F 모델이므로 S2F를 따를 경우 더 높은 가격을 기대하는 것이 논리적"이라고 답변했다.

그러나 코웬은 "퍼센트 측면에서 시간 모델 위의 확장은 궁극적으로 이미 있는 것보다 더 확장될 것으로 예상해야 함을 보여준다. 공정 가치 위로 이동하는 순간 더 낮아질 것으로 기대하기 시작했다면 그것도 비합리적일 것"이라며 추가로 답변했다.

플랜 B는 오랫동안 낙관적이었고 비트코인 닷컴 뉴스는 S2F 궤적과 모델의 비판을 다루었다. 이 모델의 제작자는 BTC가 6자리 가격을 볼 것이라고 자주 말했으며 그는 모델이 궤도에 올랐다고 믿는다. 그는 비트코인에 연결된 다른 통계 및 수치 중에서 S2F에 대해 정기적으로 트윗을 올리고 있다.

플랜 B는 지난주에 "비트코인을 사고 4년 이상(200주) 돈을 잃은 사람은 아무도 없었다"고 말하며 "또한 200일 이동 평균과 실현한 상한(전체 1880만 BTC의 평균 비용 가격) 모두 사상 최고(ATH)다" 시간 모델 및 기타 추정치와 달리 S2F 모델을 선호하는 이유를 설명했다.

https://www.g-enews.com/article/Securities/2021/08/2021083008333358079ecba8d8b8_1
G-Enews

                                        비트코인 10억 시대의 투자법

4. Stock-to-Flow Model and Extended Discussion
   (BlockMedia)

플랜B 'S2F 모델 심층해부' … 비트코인은 정말 10만달러가 될까?

비트코인 '10만 달러' 예언의 근거… S2F 모델이 말하는 6단계 진화론
비트코인 가격 흐름을 정교하게 예측하며 주목받은 분석가 플랜B(PlanB)
가 스톡 투 플로우(S2F) 모델을 통해 비트코인의 '10만 달러 도달'을 다
시 한번 강조했다. 금(Gold) 시장의 희소성 원리를 적용한 이 모델은 비
트코인이 단순한 암호화폐를 넘어 글로벌 안전 자산으로 진화하는 과정을
수학적으로 설명한다.

S2FX 모델: 비트코인의 6단계 변신
플랜B는 비트코인이 자산으로서 성장하는 과정을 총 6단계로 구분한다.
현재 비트코인은 CME 선물 도입 등으로 상징되는 **4단계(금융자산)**
를 지나, **5단계(은)**를 향해 가고 있다는 분석이다.

- **1~2단계**: 개념 증명 및 소액 결제 수단 (S2F 1.3~3.3)
- **3~4단계**: 'E-골드' 등극 및 CME 선물 도입 등 제도권 금융자산 편입
  (S2F 10.2~25.1)
- **5~6단계**: 은(Silver)과 대등해진 후, 최종적으로 시총 10조 달러 규모
  의 금(Gold)과 동일한 지위 획득 (S2F 58.3)

로그 스케일이 가리키는 '우상향 직선'

예측 방식은 직관적이다. 비트코인의 시가총액과 희소성(S2F 비율)을 로그 스케일로 좌표에 놓으면 하나의 직선이 도출된다. 플랜B는 이 상관관계 식에 현재의 공급 단계를 대입해 이론적 가격을 산출한다. 이를 근거로 그는 비트코인이 궁극적으로 금의 시가총액을 추격하며 장기 우상향할 것으로 내다봤다.

모델의 한계: "외생 변수는 계산되지 않는다"

물론 S2F 모델이 만능은 아니다. 금 가격이 모델대로만 움직이지 않듯, 비트코인 역시 인플레이션, 달러 가치, 거시경제 환경 등 외부 변수와 시장 수요의 영향을 크게 받는다.

전문가들은 "S2F는 비트코인의 희소 가치를 설명하는 강력한 장기 모델이지만, 단기적인 시장 자금 흐름까지 맞히는 수정구슬은 아니다"라며 "장기적인 방향성을 읽는 참고 지표로 활용하는 것이 현명하다"고 조언한다.

https://www.blockmedia.co.kr/archives/192067 블록미디어

5. What Happens After Bitcoin's Max Supply Is Reached (Investopedia)

2,100만 개의 비트코인이 모두 채굴된 후에는 어떻게 될까요? 요약

비트코인 2100만 개의 종착지: 2140년의 미래

공급 현황과 한계

- **현재**: 2025년 12월 기준 약 1,996만 개 채굴 완료

  (잔여 물량 약 110만 개)

 비트코인 10억 시대의 투자법

- **최종**: 2140년, 총 2,100만 개에 도달하면 신규 발행은 영구 중단됨.
- **역대 최고가**: 2025년 10월 6일 기록한 126,210달러.

채굴 보상의 변화

- **현재**: 10분당 3.125 BTC 발행 → 2028년: 1.5625 BTC로 감소 (반감기)
- **미래**: 발행 보상이 사라지면 채굴자들은 오직 **'거래 수수료'**만으로 수익을 창출함.

생태계 생존 전략

- **수수료 현실화**: 보상이 사라지면 네트워크 유지 비용을 충당하기 위해 거래 수수료가 인상될 가능성이 높음.
- **이층 구조(Layer 2)**: 일상 결제는 라이트닝 네트워크가 처리하고, 비트코인 본체(Mainnet)는 고액 거래와 자산 저장에 집중하며 가치를 유지함.
- **결론**: 비트코인은 발행 중단 이후에도 '디지털 금(가치 저장)'으로서의 지위를 유지하며, 기술적 진화를 통해 시스템의 지속 가능성을 확보할 것이다.

https://www.investopedia.com/tech/what-happens-bitcoin-after-21-million-mined/

7장

/

마지막 기회의 창:
퀀텀 점프의 동력

1. 국가 전략 자산화:
게임 이론에 따른 각국 정부의 '비트코인 뱅크' 경쟁

개인의 실험에서 국가 간 패권 전쟁으로

비트코인은 더 이상 개인 투자자들의 전유물이 아니다. 비트코인의 성격은 이미 국가 간 체제 경쟁과 패권의 영역으로 이동했다. 엘살바도르가 세계 최초로 비트코인을 법정화폐로 채택하며 쏘아 올린 작은 신호탄은, 이제 미국을 비롯한 강대국들이 비트코인을 **'국가 전략 비축 자산(Strategic Reserve Asset)'**으로 검토하게 만드는 거대한 파도가 되어 돌아왔다.

신념이 아닌 게임 이론(Game Theory)의 지배

이 거대한 흐름의 본질은 이념이나 신념이 아니다. 철저하게 계산된 게임 이론에 근거한다. 만약 어떤 강대국이 비트코인을 국가 전략 자산으로 편입해 대규모 비축을 시작한다면, 다른 국가들은 더 이상 관망할 수 없다. 비트코인을 사지 않는 선택이 오히려 국가의 존립을 위협하는 치명적인 리스크가 되는 순간이 오기 때문이다.

경제학적으로 이는 전형적인 내쉬 균형(Nash Equilibrium)의 붕괴와 재편 상황이다. 모든 국가가 "남들이 사지 않으면 나도 사지 않겠다"고 버티는 동안에는 일시적인 균형이 유지된다. 그러나 단한 국가라도 먼저 움직여 비트코인을 선점하는 순간, 나머지 국가들의 최적 전략은 즉시 '추격 매수'로 바뀐다.

비트코인을 보유하지 않았을 때 지불해야 할 비용―화폐 패권의 상실, 차세대 결제 네트워크에서의 소외, 디지털 금융 질서에서의 도태―이 비트코인을 사는 비용보다 압도적으로 커지기 때문이다.

공포의 전염: 전략적 방어 행동의 연쇄

우리가 반드시 직시해야 할 점은, 국가들이 비트코인을 사는 이유가 결코 "비트코인의 철학을 믿기 때문"이 아니라는 사실이다. 그것은 상대가 먼저 깃발을 꽂을지도 모른다는 공포, 그리고 그로 인해 디지털 시대의 주도권을 영구히 빼앗길 수 있다는 두려움에서 기인한다.

각국 정부를 비트코인 축적 경쟁으로 밀어 넣는 동력은 고결한 비전이 아니라, 공포의 전염이며 전략적 방어 행동의 연쇄다. 이는 냉전 시대의 핵무기 경쟁과 흡사하다. 남이 가졌기에 나도 가져야만 하는, 그래야만 균형이 유지되는 **'디지털 군비 경쟁'**의 서막이다.

선형적 상승이 아닌 '퀀텀 점프'

국가 간에 벌어지는 이 '보이지 않는 전쟁'은 비트코인의 가치를 우리가 체감하는 속도보다 훨씬 빠르게 재평가하게 만든다. 개인 투자자의 매수와는 차원이 다른, 국가 단위의 거대 자본이 이동하기 시작하는 순간 비트코인의 가격은 계단을 오르듯 움직이지 않는다. 그것은 점진적 상승이 아니라, 단숨에 차원을 건너뛰는 퀀텀 점프(Quantum Jump)가 될 것이다.

먼저 움직여 비트코인을 축적한 국가는 미래 디지털 금융 질서의 규칙을 설계하는 위치에 서게 될 것이고, 늦게 깨달은 국가들은 그들이 만든 규칙을 따르는 처지로 전락할 것이다. 이 불균형에 대한 공포야말로 각국 정부를 조용하지만 치열한 비트코인 뱅크 경쟁으로 이끄는 진짜 동력이다.

비트코인의 미래를 결정짓는 것은 이제 기술 논쟁도, 가격 예측도 아니다. 국가 전략이라는 거대한 체스판 위에서, 누가 먼저 '체크메이트'를 부르느냐의 문제다.

2. 연기금과 패밀리 오피스의 유입:
아직 시작되지 않은 거대 자본의 이동

비트코인 ETF 승인은 끝이 아니라 시작에 불과하다. 그것은 거대한 유동성이 흘러들어 올 수 있도록 댐의 수문을 연 사건일 뿐, 아직 물은 본격적으로 쏟아지지 않았다. 시장이 진짜 주목해야 할 대상은 ETF를 통해 먼저 들어온 자금이 아니라, 그 뒤에서 움직일 준비를 하고 있는 연기금(Pension Funds)과 패밀리 오피스(Family Offices)다. 전 세계 연기금이 운용하는 자산 규모는 수십 조 달러에 이른다. 이 자본의 특징은 단순하다. 느리지만, 한 번 움직이면 멈추지 않는다. 단기 수익률에 흔들리는 개인 투자자와 달리, 연기금과 패밀리 오피스는 수십 년 단위의 시간 축에서 의사결정을 내린다. 이들이 어떤 자산을 포트폴리오에 편입한다는 것은, 그 자산이 일시적 유행이 아니라 장기적으로 존속할 것이라는 판단이 내려졌다는 의미다.

여기서 중요한 숫자가 하나 있다. 바로 '1%'다. 만약 전 세계 연기금 자산의 단 1%만 비트코인에 배정된다면, 그것은 투기적 유입이 아니라 구조적 수요의 탄생을 의미한다. 공급이 엄격히 제한된 비트코인 시장에서 이러한 자금은 가격을 밀어 올리는 것이 아니라, 가격의 바닥 자체를 끌어올린다. 다시 말해, 하락장의 깊이가 달라진다. 패밀리 오피스 역시 마찬가지다. 이들은 이미 부를 이룬 자산가들의 자산을 보존하고 이전하는 것을 최우선 목표로 삼는다. 이런 조직이 비트코인을 검토한다는 사실 자체가 시장의 성격 변화를 보여준다. 비트코인은 더 이상 '높은 변동성을 가진 투기 자산'이 아니라, 인플레이션과 통화 가치 희석에 대비하는 대체 저장고로 재분류되고 있다. 기관 자본의 진짜 무서움은 진입 속도가 아니라 진입 방식에 있다. 이들은 급등을 쫓지 않는다. 대신 조용히, 꾸준히 하락과 횡보 구간에서 물량을 흡수한다. 그리고 일정 수준 이상의 포지션이 쌓이면, 그때부터는 시장이 그들의 평균 매입 단가 아래로 내려가기 어려워진다. 이것이 개인 투자자가 체감하지 못하는 보이지 않는 바닥이다.

지금 시장은 바로 그 전환점에 서 있다. 비트코인을 '위험 자산'으로 분류하던 기관들이 하나둘씩 **'필수 포트폴리오 자산'**이라는 새로운 분류 체계로 이동하고 있다. 이 재분류가 완료되는 순간, 가격은 더 이상 개인의 기대와 공포로 결정되지 않는다. 대중이 열광하며 뛰어드는 시점은 언제나 가격이 충분히 오른 뒤다. 반대로, 거대 자본이 조용히 준비하고 있는 지금 이 시기가야말로, 개인이 가질 수 있는 마지막 비대칭적 기회에 가깝다. 아직 모두가 믿지 않을 때, 이미 시스템은 다음 단계로 이동하고 있다.

3. 부의 대물림:
MZ세대와 알파 세대가 선택할 유일한 가치 저장 수단

자산의 가치는 언제나 하나의 질문으로 귀결된다.

"다음 세대는 이 자산을 기꺼이 받아줄 것인가?"

역사상 수많은 자산이 사라진 이유는 수익률이 낮아서가 아니라, 다음 세대의 선택지에서 탈락했기 때문이다. 기성세대는 부동산과 주식으로 부를 축적했다. 물리적 토지, 종이 증서, 중앙화된 금융 시스템은 그들의 시대에 가장 합리적인 선택이었다. 그러나 스마트폰을 손에 쥐고 태어난 디지털 네이티브 세대에게 이 시스템은 더 이상 '당연한 기본값'이 아니다. MZ세대와 알파 세대에게 현실은 오프라인이 아니라 온라인이며, 자산 역시 예외가 아니다.

이들에게 금은 안전자산이 아니라 무겁고 번거로운 돌덩이에 가깝다. 보관해야 하고, 이동이 불편하며, 국경을 넘을 때마다 제약이 따른다. 반면 비트코인은 다르다. 스마트폰 하나면 전 세계 어디서든 접근 가능하고, 24시간 멈추지 않으며, 누구의 허락도 필요 없다. 이 세대에게 비트코인은 '이해해야 할 신기술'이 아니라, 이미 직관적으로 받아들여지는 디지털 자산의 표준이다.

앞으로 수십 년간 인류 역사상 전례 없는 규모의 자산 이전이 발생한다. 베이비붐 세대와 X세대가 축적한 막대한 부가 MZ세대와 알파 세대로 상속된다. 이 과정에서 중요한 것은 자산의 규모가 아니라, 자산의 형태가 재편된다는 점이다. 상속받은 부동산을 그대로 보유할 것인지, 주식 비중을 유지할 것인지, 혹은 전혀 다른 형태의 자산으로 옮길 것인지는 전적으로 다음 세대의 판단에 달려 있다. 그리고 그 판단 기준은 명확하다.

"이 자산이 내가 살아갈 디지털 세계에서도 유효한가?"

이 질문 앞에서 비트코인은 압도적인 우위를 가진다. 국경이 없고, 검열이 불가능하며, 인플레이션에 구조적으로 저항하도록 설계된 자산. 무엇보다도, 이 세대는 비트코인을 '새로운 것'으로 인식하지 않는다. 이미 인터넷, 게임 아이템, 디지털 콘텐츠에 가치를 부여해온 세대에게 비트코인은 자연스러운 연장선이다. 세대 교체는 단순한 인구 변화가 아니다. 그것은 가치관의 교체이며, 화폐 패권의 이동이다. 과거 세대가 신뢰했던 저장 수단이 다음 세대에게 외면받는 순간, 그 자산의 장기 가치는 급격히 약화된다. 반대로, 다음 세대가 자연스럽게 선택한 자산은 시간이 갈수록 표준이 된다.

만약 MZ세대와 알파 세대가 비트코인을 자신들의 가치 저장 수단으로 받아들인다면, **비트코인 10억 원 시대는 미래의 상상이 아니라 그들에게는 너무도 당연한 '기본값'**이 될 것이다. 역사는 언제나 숫자가 아니라, 세대의 선택에 의해 움직인다.

PART 4.

비트코인 투자로
성공한 사람들:
거인의 어깨 위에 서라

8장

/

투자 성공의 공통점

1. 고점을 맞힌 사람이 돈을 번다?:
예측이 아닌 인내의 열매

"돈은 투자를 할 때가 아니라, 기다릴 때 벌리는 것이다."

— 제시 리버모어 (Jesse Livermore)

성배를 찾는 사람들, 그리고 시장의 무자비한 대답

투자자들은 시장에서 언제나 '성배'를 찾는다. 가장 낮은 바닥에서 사서, 가장 높은 꼭대기에서 팔고, 단 한 번의 실수도 없이 빠져나오는 완벽한 타이밍. 차트 위에 숨겨진 비밀 공식만 발견하면 누구나 부자가 될 수 있을 것이라 믿는다. 그러나 비트코인의 역사, 더 나아가 인류의 모든 자산 시장사는 이 오만한 믿음을 무자비하게 반박해 왔다.

예언자가 아닌 생존자의 기록

비트코인으로 거대한 부를 일궈낸 이들 가운데, 정확히 고점을 맞혀서 부자가 된 사람은 단 한 명도 없다. 그들은 미래를 내다보는 예언자가 아니었다. 가격을 '맞힌' 것이 아니라, 파괴적인 사이클을 견뎌낸 사람들이었다. 시장이 80% 폭락할 때도, 언론이 비트코인의 열다섯 번째 사망 선언을 내보낼 때도 그들은 버튼을 누르지 않았다. 그들이 누른 것은 매도 버튼이 아니라, 인내라는 이름의 버튼이었다. 진정한 승리는 예측의 정확도가 아니라, 하락장의 공포와 상승장의 환희라는 두 극단적인 파도를 아무 행동 없이 통과한 자에게 주어지는 전리품이다.

우리가 통제할 수 있는 유일한 변수, '시간'

시장의 변동성은 인간의 영역이 아니다. 뉴스, 거시 경제, 전쟁, 정책은 개인 투자자의 통제 밖에 존재한다. 그러나 우리에게는 스스로 선택할 수 있는 단 하나의 변수가 남아 있다. 바로 '시간'이다.

시간은 투자자에게 주어진 가장 강력하면서도 가장 과소평가된 무기다. 차트를 분석하는 능력보다 훨씬 중요한 것은, 역설적이게도 차트를 보지 않아도 되는 능력이다. 가격이 반 토막 날 때 팔지 않는 담력, 원금의 두 배가 되었을 때도 성급히 자리를 뜨지 않는 절제력. 이 모든 것은 기술이 아니라 '태도'의 영역이다.

엉덩이로 버는 돈, 시간의 열매

투자의 성패는 손목이 아니라 엉덩이에서 갈린다. 얼마나 민첩하게 클릭하느냐가 아니라, 얼마나 오래 무겁게 앉아 있을 수 있느냐의 문제다. 고점을 맞히겠다는 오만은 시장에 '벌금'을 내는 결과로 이어진다. 반면, 예측을 포기하고 인내를 선택한 순간부터 수익은 더 이상 쫓아야 할 목표가 아니라, 시간이 흐르며 자연스럽게 맺히는 열매가 된다. 시장은 언제나 조급한 자의 돈을 빼앗아 인내하는 자의 주머니로 옮겨준다. 이 단순하고도 엄중한 진실을 받아들이는 순간, 투자는 비로소 피를 말리는 도박이 아니라 긴 호흡의 위대한 전략이 된다.

2. 끝까지 들고 간 사람이 이겼다: 가장 고독하고 능동적인 행위, '홀딩'

"투자의 성공은 얼마나 똑똑한가가 아니라,

얼마나 잘 기다리는가에 달려 있다."

— 찰리 멍거 (Charlie Munger)

홀딩은 정지 상태가 아니라 치열한 전투다

대중은 '홀딩(Holding)'을 아무것도 하지 않는 상태로 오해하곤 한다. 버튼을 누르지 않고, 차트를 외면한 채, 그저 시간을 흘려보내는 소극적인 태도라고 생각한다. 그러나 비트코인 시장에서의 홀딩은 결코 정지 상태가 아니다. 그것은 수많은 선택지 중 가장 어려운 결정을 매 순간 다시 내려야 하는, 극도로 능동적이고 지적인 행위다.

유혹의 달콤함과 공포의 정면 승부

가격이 치솟을 때의 홀딩은 '유혹'과의 싸움이다. 지금 팔면 모든 불안이 사라지고 확정된 수익을 손에 쥘 수 있다는 달콤한 속삭임을 뿌리쳐야 한다. 반대로 가격이 폭락할 때의 홀딩은 '공포'와의 전면전이다. 계좌가 파랗게 질리고, 주변에서 "이제 정말 끝났다"는 말이 가장 합리적인 조언처럼 들려올 때, 아무것도 하지 않겠다는 선택은 사실상 시장 전체와 대중 심리에 홀로 맞서는 정면 승부다.

'존버'라는 주문 뒤에 숨겨진 자기 논리

비트코인 초창기부터 지금까지 살아남아 거대한 부를 거머쥔 이들은 운이 좋아서 그 자리에 남아 있던 것이 아니다. 그들은 매일같이 쏟아지는 조롱, 비관론, 그리고 뼈를 깎는 가격 변동성을 자기만의 논리로 매번 반박해낸 사람들이다.

단순히 "무조건 버티자"는 맹목적인 주문이 아니었다. 왜 지금 팔면 안 되는지, 왜 이 자산이 여전히 인류의 미래가 될 수밖에 없는지를 스스로에게 끊임없이 설명하고 증명해왔다. 그들은 남을 설득하기 전에 자기 자신을 가장 먼저, 그리고 가장 완벽하게 설득한 전략가들이다.

믿음의 문제가 아닌 이해의 영역

홀딩은 막연한 '믿음'의 문제가 아니라 깊은 **'이해'**의 문제다. 자산의 본질을 꿰뚫어 보지 못한 홀딩은 미련한 고집이 되지만, 명확한 이해를 바탕으로 한 홀딩은 위대한 전략이 된다.

남들이 공포에 질려 던질 때 사는 용기보다 더 위대한 것은, 남들이 모두 떠난 뒤 텅 빈 객석에 홀로 남아 있는 고독함을 견디는 일이다. 시간은 오직 그 고독을 견뎌낸 사람에게만 가장 든든한 아군이 되어준다.

가장 공격적인 선택, 시간의 승리

결국 시장은 화려하게 행동한 사람보다, 끝까지 자리를 지킨 사람에게 보상을 준다. 홀딩은 수동적인 방어가 아니다. 그것은 자산의 본질과 시간의 우상향을 신뢰하는 가장 공격적인 투자 선택이다. 조급하게 움직이는 손이 아니라, 대지처럼 무거운 엉덩이를 가진 자만이 다음 사이클의 진정한 주인이 된다. "끝까지 들고 간 사람이 결국 이긴다"는 이 단순하고도 엄중한 진실은, 언제나 대다수의 사람에게 가장 마지막에서야 이해된다. 그리고 그 이해의 시차가 곧 부의 격차를 만든다.

3. 레버리지보다 시간이 만든 수익: 속도의 유혹을 이기는 방향성의 힘

"최고의 투자자는 확실한 승리에 도박하는 사람이 아니라,

불확실한 도박에서 확률적 우위를 점하는 사람이다."

— 하워드 막스 (Howard Marks)

속도의 함정: 부의 추월차선에 대한 오해

대부분의 투자자는 '부의 추월차선'이라는 단어를 듣는 순간, 방향이 아니라 속도를 먼저 떠올린다. 남들보다 빨리, 더 크게 벌어야 한다는 강박은 자연스럽게 '레버리지'라는 위험한 선택으로 이어진다. 그러나 시장은 속도 경쟁에 뛰어든 이들에게 언제나 냉정했다. 레버리지는 수익을 가속하는 도구이기 이전에, 변동성을 치명적으로 증폭시키는 장치다. 설령 방향이 맞더라도, 시장의 작은 흔들림 하나에 모든 것을 잃게 만드는 **'양날의 검'**일 뿐이다.

확신이라는 이름의 독약

비트코인 시장에서 수없이 반복된 비극은 늘 비슷한 패턴을 따른다. "이번엔 확실하다"는 근거 없는 확신, "조금만 더"라는 통제되지 않는 욕심, 그리고 예고 없이 찾아오는 시장의 발작. 레버리지는 미래의 부를 앞당기는 도구가 아니라, 실패의 순간을 앞당기는 지름길이 되는 경우가 훨씬 많다. 단기간에 부자가 되겠다는 조급함은 시장이라는 거대한 포식자가 가장 좋아하는 먹잇감이다.

시간: 가장 조용하고 강력한 복리의 엔진

반대로 비트코인 투자에서 진짜 복리의 마법을 부리는 힘은 놀랍도록 단순하다. 그것은 높은 배율이 아니라 바로 '시간'이다. 10배 레버리지로 100%의 일시적 수익을 노리는 도박보다, 현물을 보유한 채 비트코인의 성장 곡선 위에 10년간 조용히 올라타는 전략이 훨씬 안정적이며, 결과적으로는 비교할 수 없을 만큼 압도적인 수익을 창출해 왔다. 레버리지는 단지 숫자의 덩치를 키울 뿐이지만, 시간은 부의 구조 자체를 바꾼다.

변동성을 이기는 유일한 해독제

시간은 변동성을 제거한다. 좁은 시야로 바라보는 짧은 구간에서는 모든 자산이 불확실하고 위태로워 보인다. 하지만 충분히 긴 시간의 지평선 위에서는 일시적인 소음(Noise)들이 사라지고, 우상향하는 거대한 방향성만이 남는다. 비트코인의 역사가 증명하듯, 장기적 상승의 흐름 속에서 최후의 승자가 된 이들은 가장 영리한 트레이더가 아니라, 가장 오래 자리를 지킨 투자자였다.

진짜 추월차선은 끝까지 가는 길이다

진짜 부의 추월차선은 가장 빠르게 달리는 차가 점령하는 길이 아니다. 그 길은 목적지를 정확히 정하고, 고장 나지 않는 차로, 중간에 내려서지 않고 끝까지 가는 사람만이 완주할 수 있는 길이다. 속도의 유혹을 이겨내고 거대한 방향성에 몸을 실어라. 그 순간 시간은 당신의 가장 강력하고 충직한 동맹이 된다.

시장에서 결국 승리하는 쪽은 '빨리 가려던 사람'이 아니라, '끝까지 가겠다고 결심한 사람'이다.

9장
/
실패하는 투자자의
3가지 패턴

1. 뉴스를 사고 공포에 판다:
소음에 휘둘리는 감정적 매매

"당신이 읽는 뉴스의 99%는 소음이다. 투자의 성패는

그 소음을 뚫고 1%의 신호를 찾아내는 인내에 달려 있다."

— 나심 탈레브

언제나 한 박자 늦은 매수 버튼

실패하는 투자자들에게서 발견되는 가장 뚜렷하고도 안타까운 공통점은 언제나 '시장의 뒷모습'만을 보고 움직인다는 것이다. 그들의 매수 버튼을 누르는 것은 차트나 분석이 아니라, 자극적인 뉴스 헤드라인이다.

비트코인이 연일 최고가를 경신하며 포털 메인과 뉴스 속보를 장식할 때, 그제야 "지금이라도 안 사면 큰일 나겠다"는 소외 불안, 즉 포모(FOMO)에 사로잡혀 시장에 뛰어든다. 하지만 비정한 진실은 그 시점이 대개 상승의 초입이 아니라, 열광의 끝자락이라는 사실이다.

뉴스의 온도에 조종당하는 계좌

이야기는 언제나 진부한 결말로 흐른다. 거침없던 상승 뒤에는

비트코인 10억 시대의 투자법

반드시 차가운 조정이 찾아온다. 가격이 흔들리기 시작하면, 어제까지 비트코인을 찬양하던 언론은 순식간에 태도를 바꾼다. '버블 붕괴', '사기설', '비트코인의 종말' 같은 자극적인 제목들이 화면을 도배한다.

뉴스의 온도가 급격히 식는 순간, 공포에 질린 투자자의 손은 어김없이 매도 버튼으로 향한다. 결국 그는 환희의 정점에서 사고, 공포의 바닥에서 판다. 가장 비싸게 사서 가장 싸게 파는, 시장의 포식자들이 설계한 **'최악의 시나리오'**를 제 발로 걸어 들어가는 셈이다.

뉴스는 미래가 아닌 과거의 잔상이다

이런 투자자들은 시장의 거대 자본에게 가장 다루기 쉬운 '먹잇감'이다. 그들은 스스로 생각하지 않고 타인의 목소리에 의존하기 때문이다. 우리가 반드시 기억해야 할 사실이 있다. 뉴스는 미래를 예측하는 망원경이 아니라, 이미 지나간 사건을 박제한 사진첩에 불과하다. 언론이 떠들 때는 이미 가격이 움직인 뒤이며, 대중이 반응할 때는 이미 기회가 떠난 뒤다. 그럼에도 뉴스를 의사결정의 절대적 기준으로 삼는 한, 당신의 계좌는 시장의 본질이 아니라 타인의 변덕스러운 감정 곡선에 의해 조종당하게 될 뿐이다.

해석의 차이가 부의 격차를 만든다

성공하는 투자자 역시 뉴스를 본다. 하지만 그들은 뉴스를 곧이곧대로 받아들이지 않는다. 그들은 뉴스가 전달하는 '정보'보다, 그 이면에 깔린 대중의 감정 온도를 읽는다.

모두가 환희에 취해 있을 때:
그들은 조용히 탐욕의 깊이를 측정하며 경계한다.
모두가 공포에 질려 있을 때:
그들은 비로소 차가운 숫자를 보며 기회를 포착한다.

같은 헤드라인을 보고도 전혀 다른 행동을 할 수 있는 이유는, 그들에게는 뉴스를 반대로 해석할 수 있는 **'비판적 사고'**라는 필터가 있기 때문이다.

소음을 끄고 구조를 보라

시장에서 살아남기 위한 첫 번째 조건은 복잡한 매매 기술이 아니다. 주변의 소음을 과감히 차단하는 것, 그리고 감정이 아닌 구조와 본질을 기준으로 움직이는 것이다. 뉴스의 헤드라인이 당신의 마음을 흔들 때마다 질문을 던져라.

"이것은 본질인가, 아니면 소음인가?"

뉴스에 일희일비하기를 멈추고 시장의 거대한 흐름을 보려는 순간, 당신은 비로소 실패하는 투자자의 대열에서 한 발짝 벗어나 위대한 자산가의 길로 들어서게 된다.

2. 가격을 보지만 구조를 보지 않는다: 본질 이해 부족이 가져온 손절

"세상에는 계산할 수 있지만 중요하지 않은 것이 있고,

계산할 수 없지만 결정적으로 중요한 것이 있다."

— 알베르트 아인슈타인 (Albert Einstein)

숫자에 갇힌 투자자의 시야

실패하는 투자자는 차트를 보지만, 정작 시장은 보지 못한다. 그들의 시야에는 오직 '가격'이라는 단편적인 숫자만 떠다닌다. 어제보다 몇 퍼센트 올랐는지, 내 매수가 대비 얼마나 손실 중인지, 빨간 봉과 파란 봉의 길이가 그들의 뇌 구조를 지배한다. 가격은 그들에게 모든 판단의 유일한 출발점이자 종착지다.

현상은 가격이지만, 원인은 구조다

문제는 가격이 '원인'이 아니라 '결과'라는 사실을 간과한다는 데 있다. 가격이라는 수면 위의 파도 뒤에는 네트워크의 성장, 해시레이트의 강건함, 반감기로 설계된 공급의 희소성, 그리고 글로벌 유동성의 팽창이라는 거대한 심해의 조류가 존재한다. 이 '구조'가 가격을 밀어 올리고, 때로는 눌러 내리며, 다시 회복시키는 에너지의 원천이다. 하지만 구조를 이해하지 못하는 투자자에게 가격은 그저 변덕스럽고 예측 불가능한 재난일 뿐이다. 원인을 모르니 결과에 휘둘릴 수밖에 없다.

불안으로 포장된 항복, 손절의 실체

그래서 작은 하락에도 그들의 확신은 모래성처럼 무너진다. "왜 떨어지는지 모르겠다"는 말은 사실 "내가 왜 이 자산을 들고 있어야 하는지도 모르겠다"는 처절한 고백과 같다.

보유해야 할 이유를 상실한 자에게 하락은 단순한 자산의 증발이며 공포 그 자체다. 이때 내리는 '손절'은 흔히 이성적이고 합리적인 판단처럼 포장되지만, 실상은 본질을 파악하지 못한 자가 느끼는 불안감이 임계점을 넘었을 때 던지는 **'무조건적인 항복'**에 불과하다.

 비트코인 10억 시대의 투자법

구조를 아는 자에게 하락은 '세일'이다

반대로 시스템의 구조를 뼈저리게 이해하는 투자자는 전혀 다르게 반응한다. 그들에게 하락은 종말이 아니라 숨 고르기이며, 붕괴가 아니라 새로운 기회의 재배치다.

비트코인 네트워크는 단 1초도 멈추지 않았고, 발행량은 여전히 줄어들고 있으며, 법정 화폐의 가치가 녹아내리는 거대한 시대적 흐름은 바뀌지 않았다는 사실을 알기 때문이다. 구조가 건재한한, 가격의 하락은 우량한 자산을 싼값에 쓸어 담을 수 있는 '축복의 기간'일 뿐이다.

눈을 가리고 고속도로를 달리는 위험

본질을 이해하지 못한 투자는 눈을 가리고 고속도로를 달리는 것과 같다. 속도는 빠를지 몰라도, 언제 어디서 치명적인 사고가 날지 모르는 위태로운 상태다. 가격이라는 현상에 일희일비하지 않기 위해 필요한 것은 더 화려한 차트 분석 기술이 아니다. 비트코인이 왜 탄생했는지, 어떤 수학적 원리로 작동하는지, 그리고 왜 기존 금융 시스템의 유일한 대안이 되는지에 대한 거시적인 구조를 영혼에 새기는 것이다.

느리게 움직이는 진실을 보는 눈

가격은 매초 요동치며 흔들리지만, 구조는 거대하고 묵직하게 움직인다. 파도를 보는 사람은 멀미를 하지만, 조류를 읽는 사람은 목적지에 도달한다. 시장에서 끝까지 살아남아 승리의 깃발을 꽂는 사람은, 언제나 그 느리지만 정직한 구조의 힘을 믿고 바라본 사람이다.

3. 확신 없는 매수는 실패로 끝난다: 자기 가설이 없는 자의 최후

"대중을 따라가는 것은 평균으로 후퇴하겠다는 말과 같다.
뛰어난 성과를 원한다면 대중과 다르게 행동해야 한다."

— 찰리 멍거

임대한 확신은 결코 내 자산이 될 수 없다

시장에서 가장 위험한 행위는 틀린 판단을 내리는 것이 아니다. 타인의 판단을 빌려 매수 버튼을 누르는 것이다. 유명 유튜버의 추천, 커뮤니티의 뜨거운 분위기, 혹은 지인이 단기간에 떼돈을 벌었다는 소문에 자극받아 저지른 매수는 거의 예외 없이 비극으로 끝난다. 그 순간 당신은 비트코인이라는 자산을 산 것이 아니다. 타인의 확신을 잠시 '임대'한 것에 불과하기 때문이다.

기준이 외부대에 있을 때 발생하는 재앙

임대된 확신의 민낯은 시장이 흔들릴 때 여실히 드러난다. 가격이 조금만 출렁여도 머릿속에는 질문이 폭주한다.

"이게 정말 맞는 걸까?"

"지금이라도 팔아야 하나?"

"그 사람이 말한 시나리오가 여전히 유효한가?"

판단의 기준점이 내 안이 아닌 외부에 있으니, 시장의 변동에 따라 나의 세계관도 함께 흔들린다. 스스로 답을 낼 능력이 없는 투자자에게 남겨진 선택지는 단 두 가지뿐이다. 공포에 짓눌린 손절, 혹은 아무런 근거도 없이 기도하며 버티는 '맹목적 존버'다.

투자는 정보의 게임이 아니라 '논리의 게임'이다

스스로 세운 가설이 없는 투자자는 전쟁터에 총 없이 뛰어든 병사와 같다. 적의 총알이 날아오기 시작하면 싸울 수도, 전략적으로 후퇴할 수도 없다. 매수 버튼을 누르기 전, 당신은 다음의 질문들에 스스로 답할 수 있어야 한다.

"왜 하필 지금 사야 하는가?"

"내 가설이 틀렸음을 증명하는 신호는 무엇인가?"

"어디까지의 하락을 감내할 것이며, 나의 탈출 경로는 어디인가?"

이 질문들에 논리적으로 답하지 못한다면, 그 매수는 투자라는 이름을 빌린 도박일 뿐이다.

싸우기 전에 이겨놓는 투자자

진짜 투자자는 매수 버튼을 누르기 전에 이미 싸움을 끝낸 사람이다. 자신의 가설이 맞을 경우의 수익 모델과, 틀렸을 경우의 대응 시나리오를 입체적으로 그려본 뒤에야 시장에 진입한다.

그들에게 시장의 가격은 일기예보와 같다. 비가 오나 눈이 오나 그들의 목적지는 변하지 않는다. 흔들리는 것은 차트 위의 숫자일 뿐, 자신의 머릿속에 구축된 논리가 아니기 때문이다.

자기 사유의 힘이 부의 크기를 결정한다

결국 시장에서 최후의 승자가 되어 거대한 수익을 거머쥐는 사람은 정보를 남들보다 빨리 얻은 사람이 아니다. 스스로 사유하고, 자기 논리로 결단하며, 그 가설을 긴 시간 속에서 묵묵히 증명해낸 사람이다.

타인의 확신을 등대 삼아 따라간 자는 폭풍우가 치는 중간에 반드시 길을 잃고 떨어진다. 오직 자기 가설이라는 이름의 나침반을 가진 자만이 광활한 시장의 파도를 넘어 비트코인 10억이라는 목적지에 도달하게 될 것이다.

PART 5.

코인 투자의 강력한 무기: 현물과 선물의 하이브리드

10장

/

왜 선물거래를
공부해야 하는가

1. 현물 투자의 한계:
하락장에서 손을 놓고 기다릴 것인가?

"최고의 투자자는 확실한 승리에 도박하는 사람이 아니라, 불확실한 도박에서 확률적 우위를 점하는 사람이다."

— 하워드 막스 (Howard Marks)

직관적이지만 잔인한, 현물 투자의 외길

현물 투자는 가장 직관적이면서도, 때로는 가장 잔인한 투자 방식이다. 이 구조에서 수익이 발생하는 시나리오는 단 하나, 가격이 오를 때뿐이다. 반대로 하락장이 시작되는 순간, 투자자에게 허락된 선택지는 놀라울 정도로 좁아진다. 팔거나, 무작정 버티거나. 그리고 대다수는 본의 아니게 세 번째 길을 선택한다. 아무런 대책 없이 가격이 회복되기만을 기다리는 '희망 고문'의 시간이다.

인내심은 시장의 계획에 포함되어 있지 않다

문제는 시장이 결코 투자자의 인내심에 맞춰 움직여주지 않는다는 사실이다. 비트코인이 지금까지 걸어온 궤적을 복기해 보면, 눈부신 상승장 사이에는 반드시 길고 고통스러운 터널이 존재했다. 1년 이상 이어지는 지루한 횡보, 혹은 고점 대비 50~80%에 달하는 처참한 폭락장. 비트코인이 10억 원을 향해 간다는 장기적 서사를 믿더라도, 그 여정이 곧게 뻗은 직선일 것이라 기대하는 것은 순진한 착각이다.

가장 비싼 비용, '증발하는 시간'

현물 투자자에게 하락장은 단순히 수익이 나지 않는 기간이 아니다. 자산이 녹아내리는 것을 지켜보면서도 아무런 대응을 할 수 없는 '무력함의 시간'이다. 계좌는 매일 파랗게 질려가는데, 할 수 있는 일이라곤 "언젠가는 오르겠지"라는 자기암시에 의존해 버티는 것뿐이다.

이때 발생하는 진짜 손실은 화면에 찍히는 수익률 숫자가 아니다. 바로 '시간'이라는 가장 희귀하고 값비싼 자산의 증발이다. 시간은 복리의 연료다. 하지만 현물 투자자는 하락장과 횡보장에서 그 연료를 아무런 소득 없이 태워버린다. 시장이 멈춰 서 있는 동안 내 자본도 함께 얼어붙기 때문이다. 이 무기력함이 반복될수록 확신은 마모되고, 결국 많은 이들이 "본전만 오면 다 던지겠다"는 가장 비싼 대가를 치르는 결정을 내리고 만다.

참아내는 구간인가, 활용하는 구간인가

여기서 바로 일반 투자자와 '하이브리드 투자자'의 격차가 벌어

　　　　　　　　　　　　비트코인 10억 시대의 투자법

진다. 하이브리드 투자자는 하락장을 단순히 고통스럽게 참아내는 구간이 아니라, 적극적으로 활용하는 구간으로 재정의한다.

그들은 가격이 떨어질 때 손을 놓고 있지 않는다. 오히려 그 하락 자체를 수익의 재료로 삼는다. 현물은 장기적 방향성을 위해 굳건히 보유하되, 하락 국면에서는 선물을 통해 리스크를 방어하거나 수익을 창출한다. 그 결과, 하락장은 더 이상 공포와 인내의 시간이 아니라 다음 상승을 정교하게 설계하는 '전략의 시간'이 된다.

공격이 아닌, 살아남기 위한 방어

중요한 점은 이것이다. 하이브리드 전략은 단순히 "더 많이 벌기 위한 탐욕"에서 나온 공격 기술이 아니다. 끝까지 살아남기 위한 처절한 방어 기제에서 출발한다. 시장은 언제나 인간의 인내심보다 오래 버틴다. 따라서 투자의 진짜 경쟁력은 누가 더 크게 맞히느냐가 아니라, 누가 더 오래 게임판 위에 생존해 있느냐에 달려 있다.

현물 투자만으로는 이 생존 조건을 만족시키기 어렵다. 가격이 오르기만을 기다리는 지루한 시간 동안, 시장은 수차례 당신의 멘탈과 신념을 시험할 것이며, 그 시험에서 탈락한 자산은 결코 다음 사이클의 열매를 맛보지 못한다.

시스템으로 고통을 흡수하라

하이브리드 투자자는 하락장에서 손을 놓고 요행을 바라지 않는다. 그들은 시장이 주는 고통을 선물이라는 시스템을 통해 흡수하고 상쇄한다. 그리고 모두가 "비트코인은 이제 끝났다"며 시장을 떠날 때, 조용히 다음 상승장에서 터뜨릴 복리의 엔진을 예열한다.

이 한 끗 차이의 전략이, 결국 똑같은 비트코인을 들고도 누구는 패배자로, 누구는 압도적인 자산가로 만드는 결정적 분수령이 된다.

참고

1. 현물과 선물의 구조적 차이

〈비트코인 현물(Spot) 거래와 선물(Futures) 거래의 기본 차이,
그리고 수익·리스크 구조 비교〉

현물(Spot) 거래 vs 선물(Futures)	
현물 거래 (Spot)	• 현재 가격으로 코인을 사고팔며 실제 자산을 소유 • 구조가 단순하고 리스크가 낮아 장기 투자에 적합
선물 거래 (Futures)	• 코인을 직접 보유하지 않고 가격 변동에 베팅하는 계약 거래 • 상승·하락 양방향 수익 가능, 레버리지 사용 가능 • 높은 유연성 대신 청산·마진 리스크 존재

요약하면, 선물 거래는 '빠르지만 위험한 고속도로'다.

구분	현물 거래	선물 거래
거래 대상	실제 코인	가격 계약
자산 소유	있음	없음
수익 구조	상승 시만 가능	상승·하락 모두 가능
레버리지	없음	있음 (고위험)
최대 손실	투자금 한도	청산으로 전액 손실 가능
보유 기간	무제한	단기·중기 위주
목적	장기 투자	단기 매매·헤징

https://www.coininsider.com/cryptocurrency/trading/spot-vs-futures/?utm_source=chatgpt.com
coininsider.com

2. 선물거래가 주는 '양방향 수익' 구조

〈비트코인 선물거래 바이낸스 레버리지 완벽 가이드 및 리스크 관리〉

* 바이낸스 비트코인 선물 거래의 핵심 내용을 레버리지 활용과 리스크 관리 중심으로 요약.

1 선물 거래 및 레버리지 핵심

- **선물 거래**: 미래 가격(상승/하락)에 베팅하는 양방향 투자. 실제 자산 없이 계약만 거래.
- **레버리지**: 증거금을 담보로 최대 125배까지 거래 규모 확대. 수익과 손실 모두 배수로 증폭됨.
- **마진 모드 선택**

격리 마진 (Isolated)	포지션별 증거금 제한. 해당 금액만 손실 (초보 권장)
교차 마진 (Cross)	지갑 전체 잔액 공유. 청산 시 지갑 전체 자산 소멸 위험

2 필수 리스크 관리 (파산 방지)

- **손절매(Stop-Loss)**: 선택이 아닌 필수. 예상과 반대로 갈 때 자동 종료하여 치명적 손실 차단.
- **포지션 사이징**: 1회 거래당 전체 자산의 1~2% 이상 손실을 보지 않도록 수량 조절.
- **저레버리지 유지**: 초보자는 5배 이하 권장. 고레버리지는 미세한 변동에도 강제 청산 유발.
- **강제 청산(Liquidation)**: 손실이 유지 증거금 이하로 떨어질 때 거래소가 강제로 포지션 종료.

3 바이낸스 실전 거래 단계

- **지갑 이체**: 현물(Spot) 지갑에서 선물(USDT-M) 지갑으로 자금 이동.
- **설정**: 마진 모드(격리) 및 레버리지(낮게) 설정.
- **주문**: 지정가(Limit) 또는 시장가(Market)로 포지션 진입.
- **자동화**: 진입 즉시 OCO 주문을 통해 익절(Take Profit)과 손절(Stop Loss) 동시 설정.

한 줄 요약: "레버리지는 수익을 높이는 마법이 아니라 자본 효율 도구일 뿐이며, 손절매 없는 선물 거래는 도박과 같습니다."

* 비트코인 선물거래는 상승·하락 모두 수익을 노릴 수 있는 구조

https://tilnote.io/pages/68881766c4bf40599c6e2d6b
TILNOTE – 틸노트

 비트코인 10억 시대의 투자법

2. 양방향 수익 구조:
떨어질 때 돈을 버는 '숏(Short)'의 미학

"주식은 매수하기에 너무 비싼 법도 없으며,

숏을 치기에 너무 낮은 가격도 없다."

— 제시 리버모어 (Jesse Livermore)

선물거래의 진짜 힘은 하락에도 돈을 벌 수 있는 구조에 있다. 단순히 가격이 올라야만 수익을 내는 현물 투자와 달리, 선물시장은 시장 방향과 무관하게 양쪽 방향에서 수익을 창출할 수 있는 기회를 제공한다. 이 "양방향 수익 구조"는 파생상품 시장의 핵심 특징이다.

숏(Short) 포지션의 메커니즘

일반적으로 금융 시장에서 숏 포지션은 자산 가격이 내려갈 때 수익을 내는 전략을 가리킨다. 숏 포지션은 전통적으로 **공매도(short selling)**라고도 불리며, 상승이 아닌 하락에 베팅할 수 있는 방법이다. 즉, 다음과 같은 구조로 작동한다:

- 현재 가격에 매도 계약을 체결
- 가격이 떨어지면 낮아진 가격에 되사서 정산
- 그 차이만큼 수익 발생

이 과정으로 투자자는 하락장에서 이익을 낼 수 있다. 이 구조는 현물 시장에서는 불가능하다. 현물은 오직 값이 올라야만 수익이 나는 반면, 선물의 숏 포지션은 시장의 모든 방향성에서 기회를 모색하게 해 준다.

심리적·전략적 의미

숏 포지션이 주는 가장 큰 가치 중 하나는 하락장을 두려움이 아니라 기회로 바꾼다는 점이다. 공포의 하락장이 수익 기회로 전환된다. 가격이 떨어질 때 손실을 걱정하며 현물을 들고 버티는 대신, 숏 포지션에서는 떨어지는 움직임 자체에서 수익을 창출할 수 있다.

현물 매수와의 선순환 구조

하락장에서 벌어들인 숏 수익으로 더 많은 현물 비트코인을 매집하는 전략이 가능하다. 이는 단순히 "하락을 견디는 것"이 아니라, 하락장 자체를 자본 증식의 구간으로 전환하는 접근법이다.

헤지(Hedging) 수단으로도 활용 됨

기관이나 대형 투자자는 보유 현물이 하락 리스크에 노출되었을 때 숏 포지션으로 이를 상쇄하거나 방어하는 데 활용한다. 즉, 숏은 단지 반대 방향으로 베팅하는 것이 아니라, 시장의 구조적 변동성을 자본으로 바꾸는 기술이다.이 때문에 "숏을 알면 시장을 이해한다"는 말이 나올 정도로 파생상품 시장에서는 기본적이고도 강력한 전략으로 자리 잡고 있다.

정리

- 선물시장은 상승과 하락 모두에서 수익 기회를 가진다.
- 숏(Short)은 시장 하락을 수익으로 전환하는 메커니즘이다.
- 이것이 가능하기 때문에 하락장도 수익 구간으로 해석할 수 있다.
- 이 "양방향 수익 구조"가 바로 하이브리드 전략이 단순 현물 투자보다 강력한 이유다.

3. 적은 자본으로 큰 기회를 만드는 법: 레버리지의 올바른 활용법

"레버리지는 나쁜 투자를 좋은 투자로 바꿀 순 없지만,

좋은 투자를 나쁜 투자로 바꿀 순 있다.

당신이 가장 원치 않는 시점에 강제로 팔게 만들기 때문이다."

— 제임스 몬티어 (James Montier)

레버리지, 파멸의 독인가 성장의 가속 페달인가?

레버리지는 시장에서 가장 오해받는 단어 중 하나다. 대다수 투자자에게 레버리지는 '한 방에 모든 것을 잃게 만드는 치명적인 독'으로 각인되어 있다. 물론 틀린 말은 아니다. 하지만 그것은 레버리지를 이해하지 못한 채 무분별하게 휘둘렀을 때의 이야기다. 제대로 설계되고 통제된 레버리지는 자산의 증식 속도를 조절할 수 있는 정밀한 가속 페달과 같다. 문제는 레버리지 그 자체가 아니다. 그것을 어떤 구조 안에서, 어떤 목적으로 사용하느냐에 모든 성패가 달려 있다.

레버리지는 '베팅'이 아니라 '자본 배치 기술'이다

하수와 고수의 차이는 레버리지를 바라보는 시각에서 극명하게 갈린다.

개인 투자자의 시각:

"1,000만 원으로 1억 원을 벌기 위한 요행의 수단."

숙련된 투자자의 시각:

"1억 원어치의 기회 비용을, 단 1,000만 원의 증거금으로 통제(Control)하는 방법."

예를 들어, 1,000만 원을 담보로 1억 원 규모의 포지션을 잡는 행위는 표면적으로는 매우 위험해 보인다. 그러나 관점을 바꿔보자. 이는 나머지 9,000만 원의 현금을 시장의 위험에 노출시키지 않고도 자유롭게 운용할 수 있는 **'기회와 선택권'**을 확보한 것이기도 하다. 그 유휴 현금은 예금이나 채권, 혹은 또 다른 안전 마진으로 활용될 수 있다. 즉, 레버리지는 수익률을 단순히 '뻥튀기'하는 도구가 아니라, 한정된 자본의 효율성을 극대화하는 고도의 설계 기술이다.

거대 자본과 싸우는 개인의 유일한 비대칭 무기

우리는 차가운 현실을 직시해야 한다. 개인 투자자는 정보력, 자금력, 인프라 모든 면에서 기관이나 거대 고래들과 대등하게 싸울 수 없다. 이 압도적인 격차를 좁힐 수 있는 거의 유일한 수단이 바로 레버리지의 제한적이고 통제된 활용이다.

레버리지는 작은 자본을 위험하게 '노출'시키는 수단이 아니다. 오히려 동일한 자본으로 더 많은 기회를 분산하고 통제할 수 있게 해주는 장치다. 현물은 장기적인 방향성에 맡기되, 레버리지는 명확한 손절선 안에서만 활용하며 전체 자산 중 극히 일부만을 위험에 노출시키는 구조. 이렇게 설계된 레버리지는 투기가 아니라 정교한 생존 전략이 된다.

핵심은 '수익'이 아니라 '손실 한도'의 계산이다

레버리지를 사용하는 순간, 당신의 질문은 완전히 바뀌어야 한다. "이 포지션으로 얼마를 벌 수 있을까?"가 아니라, **"내 가설이 틀렸을 때 나는 최대 얼마를 잃게 되는가?"**가 먼저여야 한다.

진짜 고수는 레버리지를 걸 때조차 감당 가능한 손실액을 가장 먼저 확정 짓는다. 손실이 통제된 레버리지는 당신을 시장에서 오래 살아남게 만들지만, 통제되지 않은 레버리지는 단 한 번의 실수로 당신을 영구 퇴장시킨다. 따라서 레버리지는 큰 수익을 만드는 도구이기 이전에, **적은 비용으로 거대한 판에 계속 앉아 있을 수 있게 해주는 '입장권'**으로 정의되어야 한다.

결론: 레버리지는 운용 능력의 시험대다

레버리지를 쓰지 않고도 성공할 수는 있다. 그러나 레버리지를 전혀 이해하지 못한 채 시장에 머무는 투자자는 언제든 거대 자본에 의해 이용당할 준비가 된 존재와 다름없다.

적은 자본으로 인생을 바꿀 기회를 만들고 싶다면, 레버리지를 두려워하기보다 통제하는 법부터 익혀야 한다. 잘 쓰인 레버리지는 결코 독이 아니다. 그것은 느린 자본에 속도를 붙이는 엔진이며, 개인이 거대한 시장이라는 괴물과 대등하게 협상할 수 있게 해주는 유일한 언어다.

11장

/

선물거래는 도박인가, 기술인가

1. 청산의 공포를 이기는 리스크 관리:
스탑로스(Stop-loss)와 자금 관리 원칙

"투자의 첫 번째 규칙은 돈을 잃지 않는 것이고,

두 번째 규칙은 첫 번째 규칙을 잊지 않는 것이다."

— 워런 버핏

도박과 기술을 가르는 단 하나의 경계선

선물거래가 도박처럼 보이는 이유는 단순하다. 대부분의 사람이 '내가 틀릴 수 있다'는 전제 없이 시장에 들어오기 때문이다. 선물거래 그 자체가 위험한 것이 아니다. 진짜 위험한 것은 틀렸을 때의 시나리오를 준비하지 않은 채 레버리지를 휘두르는 '무지한 태도'다. 시장은 이 무지를 가장 냉정하고 잔인하게 처벌하는데, 그 장치의 이름이 바로 '청산'이다.

스탑로스(Stop-loss)는 '생존 계약'이다

도박과 투자의 차이는 명확하다. 도박에는 출구가 없고, 투자에는 정교하게 설계된 출구가 있다. 스탑로스는 단순한 손절선이 아니다. 그것은 "내 생각이 틀렸음을 인정하는 지점"을 사전에 선언하는 행위다.

이 선언이 없는 매매는 어떤 화려한 분석을 덧붙여도 결국 감정적인 베팅으로 전락한다. 시장에서는 틀리는 것이 문제가 아니다. 진짜 문제는 틀렸을 때 얼마를 잃느냐다. 숙련된 트레이더에게 스탑로스는 자존심 상하는 패배 선언이 아니라, 다음 기회를 보장받기 위한 가장 확실한 '생존 계약'이다.

손절이 시스템이 될 때 생기는 변화

초보자는 손절을 내 살점이 떨어져 나가는 아픔으로 느끼지만, 프로는 이를 비즈니스를 운영하기 위한 '고정 비용'으로 계산한다. 스탑로스를 설정하는 순간, 투자의 구조는 다음과 같이 재편된다.

최대 손실의 고정: 감당할 수 없는 파멸의 가능성이 차단된다.
감정 개입의 배제: 가격이 흔들려도 공포에 질려 뇌동매매하지 않는다.
게임의 연속성 확보: 단 한 번의 실수로 퇴장당하지 않고 다음 기회를 맞이할 자격을 유지한다.

손절 없는 포지션은 언젠가 반드시 시장에 의해 강제 종료되지만, 손절 시스템을 갖춘 포지션은 수천 번의 시행착오 속에서도 끝까지 살아남아 승리를 쟁취한다.

자금 관리의 핵심: 한 번의 실수로 퇴장하지 않기

선물거래를 통계적 비즈니스로 만드는 원칙은 의외로 간단하다. *"단 한 번의 트레이드에서 전체 자산의 1~2% 이상을 잃지 않는다."*

이 원칙 하나만 철저히 지켜도 시장은 당신을 쉽게 밀어내지 못한다. 연속으로 10번을 틀려도 계좌의 근간은 흔들리지 않으며, 20번을 실패해도 복구가 가능하다. 반면, 한 번의 거래에 자산의 20~30%를 거는 자는 단 두 번의 실수만으로 게임 오버를 맞이한다. 그 이후의 분석과 경험은 아무 의미가 없다. 이미 시장에서 퇴장당했기 때문이다. 선물거래는 '얼마나 많이 맞히느냐'의 게임이 아니라, **'얼마나 오래 살아남느냐'**의 게임이다.

확률의 게임으로 전환되는 순간

스탑로스와 자금 관리가 결합하면 선물거래의 성격은 완전히 달라진다.

"승률이 40%에 불과해도, 손익비(잃을 때 1, 벌 때 2 이상)가 받쳐준다면 계좌는 장기적으로 우상향한다."

이것이 통계의 힘이며, 이 구조 안에서 선물거래는 더 이상 도박이 아니다. 명확한 확률적 우위를 가진 **'수익 모델'**이 된다. 이

　　　　　　　　　　　　　비트코인 10억 시대의 투자법

때부터 트레이더의 사고는 전환된다.

"이번 거래가 맞을까?"라는 불안 대신, **"이 전략을 100번 반복했을 때의 기대값은 얼마인가?"**라는 운영자의 관점을 갖게 된다.

청산은 레버리지가 아니라 '오만' 때문에 발생한다

사람들이 선물거래를 두려워하는 진짜 이유는 가격 변동성이 아니라 '청산의 공포'다. 그러나 진실은 정반대다. 스탑로스와 자금 관리를 철저히 지키는 이에게 청산은 결코 일어나지 않는 사건에 가깝다.

청산은 높은 레버리지 때문이 아니라, 손절 없는 오만한 확신 때문에 발생한다. 손절을 설계한 사람에게 선물거래는 예측이 아니라 '실행'의 문제이며, 용기가 아니라 '규칙'의 문제다. 그리고 규칙이 지배하는 게임은 결코 도박이 될 수 없다.

결론: 기술은 손실을 설계한다

선물거래는 누군가에게는 전 재산을 탕진하는 도박이고, 누군가에게는 가장 정교한 투자 기술이다. 그 차이는 단 하나, 손절과 자금 관리가 시스템으로 존재하는가에 있다. 도박은 감정에 운명을 맡기지만, 기술은 손실을 미리 설계한다. 시장은 언제나 감정을 버리고 기술을 선택한 이들에게 더 오랜 시간 머무를 기회를 허락한다.

2. 헤징(Hedging) 전략:
내 현물 자산의 하락을 선물로 방어하라

하이브리드 전략의 완성은 '생존'에 있다

하이브리드 투자 전략의 궁극적인 지향점은 화려한 수익이 아니다. 어떤 파도가 몰아쳐도 가라앉지 않는 '생존'에 있다. 그리고 그 생존을 현실로 만드는 핵심 장치가 바로 헤징(Hedging)이다.

대부분의 투자자는 이렇게 생각한다. "비트코인이 결국 10억 원에 도달할 거라 믿는다. 그러니 그냥 묻어두고 들고 가면 된다." 이 믿음 자체는 틀리지 않다. 그러나 비정한 시장은 당신의 믿음이 직선으로 보상받도록 내버려 두지 않는다.

장기 상승과 단기 하락은 언제나 공존한다

비트코인의 역사에서 장기적 우상향은 단 한 번도 부정된 적이 없다. 그러나 그 영광스러운 상승의 마디마디에는 언제나 다음과 같은 장애물들이 끼어 있었다.

- 고점 대비 30~50%에 달하는 잔인한 급락
- 1년 이상 지루하게 이어지는 횡보 구간
- 대중과 언론이 일제히 "비트코인은 끝났다"고 외치는 절망의
  구간

현물만 보유한 투자자에게 이 시간은 고문과 같다. 계좌는 녹아내리고 확신은 마모된다. 결국 가장 바닥에서 항복 선언을 하며 손을 놓게 된다. 헤징은 바로 이 지점을 겨냥한다. "시장을 맞히는 것이 아니라, 시장이 흔들릴 때 나를 보호하는 전략"인 것이다.

헤징의 본질: 돈을 버는 기술이 아닌 '지키는 시스템'

헤징을 수익을 극대화하는 공격 무기로 오해해서는 안 된다. 헤징은 내 자산을 지키는 견고한 방어 시스템이다. 그 구조는 의외로 단순하다.

현물: 장기적 가치 우상향에 베팅 (꿈을 담는 그릇)

선물 숏(Short): 단기적 하락 리스크를 방어 (현실을 지키는 방패)

비트코인을 장기 보유한 상태에서 하락 신호가 포착되면, 선물 시장에서 숏 포지션을 잡는다. 이때 마법 같은 일이 벌어진다. 현

물 가격이 하락해 평가손실이 발생해도, 선물 숏 포지션에서 동일한 만큼의 수익이 발생한다. 결과적으로 내 전체 자산의 합계는 변하지 않는다. 가격이 미친 듯이 흔들려도, 내 자산의 가치는 정지 화면처럼 고요해진다.

숫자보다 강력한 '심리적 무적 상태'

헤징의 진짜 위력은 숫자가 아니라 심리에서 나온다.

헤징이 없는 투자자: 가격 하락은 '공포'가 되고, 가격 상승은 '탐욕'이 되는 감정의 롤러코스터에 갇힌다.
헤징이 있는 투자자: 하락장에서도 계좌가 안정적이며, 오히려 변동성을 즐길 수 있는 여유가 생긴다.

왜냐하면 그는 이미 알고 있기 때문이다. "떨어져도 상관없다. 나는 이미 방어막을 쳤다." 헤징은 계좌에 입히는 두꺼운 갑옷이자, 투자자의 멘탈에 장착하는 든든한 방탄조끼다.

공포를 연료로 바꾸는 궁극의 선순환

헤징의 진정한 위대함은 하락의 끝자락에서 증명된다. 하락 국면에서 선물 숏으로 확보한 수익을 정산하고, 그 수익금으로 현물 비

트코인을 추가 매집한다. 이 순간, 시장의 공포는 내 자산을 기하급
수적으로 늘리는 연료로 전환된다. 대중이 비명을 지르며 던질 때,
헤징된 투자자는 웃으며 줍는다.

이 구조가 반복되면 비트코인의 평균 매입 단가는 낮아지고, 장
기 상승 국면이 다시 찾아왔을 때 일반 투자자와는 비교조차 할 수
없는 폭발적인 부의 격차를 만들어낸다.

헤징은 '예측력'이 아니라 '생존력'이다

기억하라. 헤징은 시장을 완벽하게 예측할 필요가 없다. 숏 포지
션 진입이 조금 빨랐어도, 혹은 하락의 깊이가 예상보다 얕았어도
괜찮다. 목적 자체가 수익이 아니라 구조적 생존에 있기 때문이다.
시장에서 가장 강력한 사람은 가장 많이 맞힌 사람이 아니라, 가장
마지막까지 살아남은 사람이다. 그리고 헤징은 그 '버팀'을 가능하
게 만드는 최종 병기다.

결론: 장기 신념을 현실로 만드는 유일한 방법

비트코인 10억 시대를 진심으로 믿는다면 단순 보유만으로는 부
족하다. 인간의 신념은 변동성이라는 폭풍 앞에서 너무나 쉽게 무
너진다. 하지만 구조로 설계된 신념은 결코 흔들리지 않는다. 헤징
은 비관론 속에서도 포지션을 유지하게 하며, 폭락을 기회로 바꾸

고, 마침내 장기 투자를 승리로 이끌어준다. 그래서 하이브리드 전략의 정점은 언제나 헤징이다. 현물은 당신의 꿈을 담고, 선물은 그 꿈을 끝까지 지켜낸다.

출처 링크 (헤징 전략 개념)

외환 헤징(Forex Hedging)정리

정의	환율 변동으로 인한 손실을 줄이기 위해 반대 포지션을 취하는 리스크 관리 전략
목적	수익이 아니라 자본 보호와 변동성 통제
언제 사용?	• 환율 급변 가능성 있을 때 • 외화 수입·지출, 외환 포지션을 이미 보유하고 있을 때
대표 방법	• 반대 포지션(직접 헤징) • 선물환·선물 • 옵션 • 교차통화 헤지
장점	손실 감소, 심리 안정, 현금흐름 예측 가능
단점	비용 발생, 수익 제한

핵심 한 줄

'외환 헤징은 예측이 아니라, 불확실성을 관리하는 기술이다.'

https://www.ebc.com/kr/forex/270926.html
EBC Financial Group

   비트코인 10억 시대의 투자법

3. 심리전의 정점:
탐욕을 억제하고 기계적으로 매매하는 법

시장은 인간의 본능을 파괴하도록 설계되어 있다

시장은 언제나 인간의 가장 취약한 고리인 '본능'을 공략한다. 공포와 탐욕은 차트의 캔들보다 먼저 움직이며, 이 두 감정이 매매에 개입하는 순간 투자는 전략이 아니라 통제 불능의 반사 신경이 된다. 선물거래에서 반복되는 실패의 원인은 대부분 분석력이 부족해서가 아니다. 결정적인 순간에 자기 통제력이 붕괴하기 때문이다. 가격이 튀어 오르면 소외될까 두려워 조급해지고(FOMO), 예상과 반대로 움직이면 '희망 회로'를 돌리며 손절을 미룬다. 이 찰나의 순간, 시장은 숫자의 게임이 아닌 비이성적인 도박장으로 변질된다.

고수의 비밀: '언제 들어가지 않을 것인가'

시장의 고수들이 일반 투자자와 결정적으로 갈리는 지점은 차트를 더 잘 맞히는 능력이 아니다. 그들은 '언제 진입할지'보다 **'언제 진입하지 않을지'**를 먼저 정의한다.

진입 타점, 손절 가격, 목표 수익률은 포지션을 잡기 전 이미 확정되어 있어야 한다. 그리고 시장이 그 까다로운 조건을 충족시킬 때만 비로소 기계처럼 행동한다. 가격이 요동치고, 자극적인 뉴스가 쏟아지며, 주변의 모든 이들이 흥분해도 그들의 손가락은 사전에 설계된 계획의 궤도를 절대 벗어나지 않는다.

감정을 제거하지 말고, 감정이 개입할 수 없는 '구조'를 짜라

기계적 매매의 핵심은 강철 같은 의지로 감정을 누르는 것이 아니다. 애초에 감정이 끼어들 틈이 없는 **'물리적 구조'**를 만드는 것이다.

스탑로스의 자동화: 손절선은 마음이 아플 때 수동으로 정하는 것이 아니라, 포지션을 여는 0.1초의 순간 시스템에 자동으로 설정되어야 한다.

미련 없는 익절: 목표가에 도달하면 더 오를 것 같은 예감이 들어도 기계적으로 청산한다. 추가 수익의 달콤한 유혹보다, '장기적으로 살아남을 확률'이라는 대원칙을 더 중시하기 때문이다.

일관성이 확률을 내 편으로 만든다

숫자와 규칙으로 움직이는 시스템이 완성되면, 시장의 변동성은 더 이상 위협적인 괴물이 아니다. 오히려 매번 동일한 규칙을 대입하여 수익을 산출할 수 있는 **'통계적 기회'**로 탈바꿈한다. 감정이 사라진 자리에는 일관성이 남고, 일관성은 결국 확률을 당신의 편으로 끌어당긴다.

결론: 시장의 노예에서 운영자로 거듭나기

선물거래의 최종 단계는 더 대담한 베팅력을 기르는 것이 아니다. 들끓는 탐욕을 억제하고, 무미건조한 기계처럼 매매하는 능력을 갖추는 것이다. 그 경지에 도달하는 순간, 당신은 더 이상 가격에 휘둘리는 무력한 참가자가 아니다. 철저하게 설계된 규칙 위에서 시장을 상대하는 **'시스템 운영자'**가 된다.

시장의 노예에서 벗어나 주인이 되는 길은 화려한 보조지표나 차트 밖에 있지 않다. 그것은 오직 당신의 내면, 즉 '원칙을 지키는 단단한 자아' 안에 있다.

PART 6.

실전 대응의 기술:
차트는 예언이 아니라
도구다

12장

/

차트와 데이터를 읽는 법

1. 차트는 미래를 맞히는 것이 아니다: 과거의 심리적 흔적 읽기

수정구슬이 아닌, 인간 심리의 지도를 펼쳐라

차트는 결코 미래를 예언하는 수정구슬이 아니다. 그것은 수백만 명의 투자자가 시장에 남기고 간 공포와 환희의 집단적 흔적, 즉 인간의 가공되지 않은 심리가 압축된 '지리적 지도'에 가깝다. 차트 위에 새겨진 모든 캔들은 누군가의 절박한 결단이었으며, 그 결단의 대부분은 차가운 이성보다는 뜨거운 감정에 의해 내려진 결과물이다.

지지와 저항: 기술적 선이 아닌 '집단 기억'의 벽

특정 가격대에서 유독 거래량이 폭발하고, 그 구간을 다시 만날 때마다 가격이 멈칫하거나 강하게 튕겨 나가는 현상은 단순한 통계적 우연이 아니다. 그 가격표 위에는 사람들의 뼈아픈 기억이 겹겹이 쌓여 있기 때문이다. 과거 그 가격에서 고통스럽게 물렸던 이들은 본전이 오기만을 기도하며 매도 버튼 위에 손을 올리고 있고, 큰 수익을 안겨준 구간을 기억하는 이들은 다시 한번 그 기회를 잡으려 매수 대기를 건다. 결국 차트의 지지와 저항은 단순한 기하학적 선이 아니라, 수많은 투자자의 미련과 희망이 충돌하며 만들어낸 심리적 방벽이다.

질문을 바꿔야 답이 보인다

우리는 차트를 통해 "내일 가격이 오를까, 내릴까?"를 맞히려 해서는 안 된다. 그것은 오직 신만이 아는 영역이다. 대신 투자의 관점에서 질문은 이렇게 바뀌어야 한다. "지금 이 가격대에서 대중은 두려워하고 있는가, 아니면 탐욕에 취해 있는가?" 차트는 이 질문에 대한 가장 정직한 응답지다. 인간의 말은 교묘한 거짓말을 섞을 수 있지만, 피 같은 돈이 투입된 가격과 거래량은 결코 거짓말을 하지 않는다.

캔들을 인간의 언어로 번역하는 작업

진정한 차트 분석은 박제된 패턴을 암기하는 암기 과목이 아니다. 캔들 하나하나의 움직임을 살아있는 인간의 심리로 번역하는 고도의 해석 작업이다.

급락 후의 긴 밑꼬리:

극한의 공포 속에서 던져진 투매 물량과, 그 공포를 기회로 받아낸 누군가의 강한 확신이 충돌한 흔적이다.

지루한 횡보 구간:

확신 없는 대중의 망설임과 방향성을 탐색하는 에너지가 응축된 상태다.

거래량 없는 가격 상승:

기반이 허약한 탐욕이 만든 '모래성'과 같다는 경고의 메시지다.

미래를 예측하는 힘이 아닌, 현재를 측정하는 용기

차트를 읽는다는 것은 미래를 맞히는 초능력을 기르는 것이 아니라, 현재 시장에 깔린 감정의 밀도를 정밀하게 측정하는 능력을 갖추는 것이다.

그리고 대중의 감정이 극단에 치달아 모두가 한 방향으로 쏠릴 때, 차트가 보여주는 객관적 지표를 믿고 냉정하게 반대편에 설 수 있는 용기. 그것이 바로 차트라는 도구가 우리에게 선사하는 유일하고도 가장 강력한 무기다.

2. 추세선과 지지선:
대중의 공포와 탐욕이 충돌하는 지점

추세는 중력이다: 거스를 수 없는 시장의 합의

추세는 어느 개인의 주관적인 의견이 아니다. 그것은 수많은 시장 참여자의 판단과 자금이 누적되어 만들어진 **'시장이 합의한 방향'**이다. 일단 형성된 추세는 개인의 보잘것없는 확신 따위로는 결코 거스를 수 없는 거대한 중력과도 같다. 추세를 거스르는 매매는 폭포수를 거슬러 오르는 연어와 같다.

운 좋게 잠깐은 위로 튀어 오를 수 있겠지만, 결국 체력은 바닥나고 거센 물줄기에 휩쓸려 내려가기 마련이다. 시장에서 가장 위험한 오만은 "내가 시장보다 똑똑하다"고 믿으며 추세의 반대편에 서는 것이다.

지지와 저항: 감정의 한계선

우리가 차트 위에 긋는 지지선과 저항선 역시 단순한 기하학적 선이 아니다. 그 선들에는 인간의 원초적인 감정이 서려 있다.

지지선은 공포가 더 이상 내려가지 못하는 자리다:
"이 가격이면 충분히 싸다"는 인식이 대중의 공포를 압도하는 지점이다. 패닉 셀링으로 던져진 물량을 더 큰 확신을 가진 손들이 받아내기 시작할 때 반등이 일어난다.

저항선은 탐욕이 더 이상 올라가지 못하는 한계선이다:
"이 정도면 오를 만큼 올랐다"는 욕망의 피로감이 쌓이는 지점이다. 수익 실현을 하려는 차익 매물이 신규 매수세를 압도하며 가격 상승을 저지한다.

오차에 집착하지 말고 심리의 밀도를 읽어라

많은 초보 투자자가 1달러의 오차까지 정확히 맞아떨어지는 '마법의 가격'을 찾으려 애쓴다. 하지만 시장에 완벽한 점(Point)은 존재하지 않는다. 지지와 저항은 점이 아니라 구간(Zone)이며, 그 공간 안에서 공포와 탐욕이 치열하게 힘겨루기를 하는 것이다.

숙련된 투자자는 선의 정확성보다 그 선에 담긴 **'심리의 밀도'**를 본다. 지지 구간에서 하락의 기세가 둔화되는지, 저항 구간에서 매도 물량이 얼마나 쏟아지는지를 관찰하며 어느 쪽 감정이 승기를 잡고 있는지를 판단한다.

전투에서 승리하는 가장 쉬운 방법

추세에 몸을 싣는다는 것은 생각을 포기하는 수동적인 행위가 아니다. 오히려 가장 현실적이고 영리한 선택이다.

상승 추세에서는 지지선이 가장 안전한 매수의 근거가 된다.
하락 추세에서는 저항선이 가장 명확한 매도의 명분이 된다.

이 기본 원칙만 철저히 지켜도 매매의 난이도는 절반 이하로 떨어진다. 애초에 나에게 유리한 전장에서만 싸우고, 불리한 싸움은 시작조차 하지 않기 때문이다.

결론: 시장과 싸우지 말고, 시장과 함께 움직여라

결국 추세선과 지지·저항선은 미래를 맞히는 예언 도구가 아니다. 그것은 지금 이 순간 어디에서 싸우고, 어디에서 비켜서야 하는지를 알려주는 '전장 지도'다. 지도를 무시하고 제멋대로 달리는 병사는 결코 전쟁에서 살아남을 수 없다.

지도를 존중하고 흐름에 순응하는 순간, 당신은 시장과 사투를 벌이는 고독한 투사가 아니라, 거대한 시장의 흐름을 타고 유유히 목적지로 향하는 항해자가 될 것이다.

참고자료 (추세선·지지선·저항선 관련)
지지선/저항선의 정의 (기술적 분석 중심) 자료 요약

"Support and Resistance are levels where price movement is impeded — support slows or stops declines, resistance slows or stops advances."

— trendlinedynamics.com

차트의 벽과 바닥: 지지와 저항

1 정의: 가격의 '저항력'

- **저항**: 위에서 상승을 막는 천장
- **지지**: 밑에서 하락을 막는 바닥
- **특징**: 돌파되면 역할이 바뀜 (저항 → 지지 / 지지 → 저항)

2 4대 발생 원인

- **역사적 요인(최강)**: 과거의 고점(매도 대기)과 저점(매수 대기)
- **심리적 요인**: $100, $1,000처럼 딱 떨어지는 '라운드 넘버'
- **추세선**: 고점/저점을 연결한 사선. 터치가 많고 길수록 강력함
- **기타**: 이동평균선(50일·200일), 피보나치 되돌림
  (특히 50%, 61.8%).

3 실전 핵심

- **신뢰도 순위**:
  역사적 고점/저점 〉 50% 되돌림 〉 라운드 넘버 〉 추세선.
- **팁**: 헷갈릴 땐 더 큰 시간 단위(분봉보다 일봉)로 차트를 크게 봐야
  흐름이 명확함

결론: "차트는 숫자가 아니라 사람들의 후회와 기대가 그려낸 지도다."

*https://www.trendlinedynamics.com/articles/Support_and_Resistance.
pdf?utm_source=chatgpt.com*

3. 온체인 데이터의 신호:
지갑 속에서 일어나는 거대한 자금의 이동

"온체인 데이터는 시장의 '엑스레이'와 같다. 겉으로 보이는

가격이 아니라, 데이터는 시장의 골격이 튼튼한지를 보여준다."

표정은 속여도, 혈류는 속일 수 없다

차트가 시장의 겉으로러나는 '표정'이라면, 온체인 데이터는 비트코인이라는 거대한 유기체의 혈관 속을 흐르는 '피'와 같다. 가격은 단기적인 수급과 세력의 개입에 의해 얼마든지 왜곡될 수 있지만, 블록체인 장부 위에 영구히 기록된 자금의 이동은 결코 거짓말을 하지 않는다. 온체인 데이터는 비트코인 네트워크 내부에서 실제로 어떤 거대한 움직임이 일어나고 있는지를 가감 없이 보여주는 가장 원초적인 정보다.

고래의 발자국을 추적하라

온체인 데이터의 핵심은 시장 참여자들의 '말'이 아닌 **'행동'**을 읽는 데 있다.

거래소 입금량 급증:

비트코인이 개인 지갑에서 거래소로 대량 입금될 때는 잠재적인 매도 압력이 임계점에 도달했음을 암시한다.

거래소 출금량 급증:

반대로 거래소의 물량이 빠져나와 개인 지갑, 특히 장기 보유자(HODLer)나 고래의 지갑으로 이동할 때는 강력한 매집의 신호다.

이 움직임은 그 어떤 뉴스보다 빠르고, 차트의 보조지표보다 정직하다. 세력은 가격을 흔들어 대중의 공포와 탐욕을 연출할 수는 있지만, 블록체인에 새겨진 지갑 속 숫자의 대이동까지 속일 수는 없기 때문이다. 이것이 바로 온체인 데이터가 **'고래의 발자국'**이라 불리는 이유다.

소음 속에서 사실(Fact)을 골라내는 선별기

시장의 노이즈가 극에 달할수록 온체인 데이터의 가치는 더욱 빛을 발한다. 뉴스는 자극적인 헤드라인으로 우리의 감정을 흔들지만, 온체인은 무미건조한 숫자로 사실만을 말한다. 가격이 폭락하며 모두가 비명을 지를 때, 온체인 데이터 상에서 고래들이 오히려 물량을 쓸어 담고 있는 모습을 확인한다면 투자자는 공포에 굴복하지 않을 수 있다. 차트가 흔들릴 때 투자자의 확신을 단단히 지탱해 주는 최후의 기둥은 결국 이 변하지 않는 **'기록의 힘'**이다.

장기 투자자의 유일한 나침반

비트코인 10억 시대를 향한 긴 여정에서 온체인 데이터는 안개 속을 밝히는 등대와 같다. 대규모 자금이 어디로 흘러가는지, 채굴자들이 채굴한 코인을 팔고 있는지 아니면 보유하고 있는지, 휴면 상태였던 오래된 지갑이 깨어났는지 등을 실시간으로 관찰하며 우리는 시장의 **'진짜 체력'**을 측정할 수 있다.

결론: 데이터는 신념을 지식으로 바꾼다

불확실한 시장에서 우리가 의지할 수 있는 유일한 팩트는 블록체인 위에 있다. 온체인 데이터를 읽는 법을 익힌다는 것은 단순히 수치를 보는 것이 아니라, 시장의 심장 박동을 듣는 법을 배우는 것이다. 온체인 데이터는 막연한 신념을 근거 있는 지식으로 바꿔주며, 당신을 시장의 휘둘리는 참가자가 아닌 지혜로운 관찰자로 만들어 줄 것이다.

참고자료
스테이블코인 흐름을 통한 비트코인 타이밍 포착

1. 핵심 원리: "스테이블코인 = 매수 대기 자금"

거래소로 스테이블코인이 유입되면
▶ 비트코인을 살 준비가 되었다는 신호

비트코인 10억 시대의 투자법

거래소에서 스테이블코인이 유출되면
▶ 이미 매수가 끝나 시장이 과열되었을 가능성이 높다.

2. 주요 스테이블코인별 특징

구분	시장 비중	주요 역할 및 특징
USDT	70%	대장주. 시장 전체의 방향성을 결정하는 유동성 공급원
USDC	20%	기관 중심의 장기 보유 및 안전 자산 성격
FDUSD	7%	아시아 거래소(바이낸스 등)의 단기 트레이딩용 유동성

3. 실전 매매 전략 (시차 활용)

유입 후 반응 시차: 스테이블코인이 급증한 후, 실제 비트코인 가격에 반영되기까지 **약 3~5일(평균 4.2일)이 걸림.

추천 루틴
- **진입**: 거래소 유입 급증 확인 후 3일 뒤 진입 고려
- **청산**: 거래소 유출이 확대되기 시작하면 분할 매도 준비

한 줄 결론: 스테이블코인이 거래소로 모이는 지금은 상승 전환의 전조이며, 유입 피크 후 4일 전후의 가격 반응을 주목해야 한다.

https://coinure.tistory.com/entry/stablecoin-btc-inflow-analysis?utm_source=chatgpt.com

13장

/

변동성을 수익으로
바꾸는 전략

1. 적립식 매수(DCA)의 마법: 변동성을 내 편으로 만드는 시간 분할

비트코인이 12만 달러 고지를 점령한 2026년 현재, 시장의 가장 큰 화두는 여전히 '변동성'이다.

하루에도 수천 달러씩 널뛰는 차트 앞에서 대다수 개인 투자자가 공포에 질려 '손절'과 '추격 매수'를 반복할 때, 조용히 웃으며 수익을 극대화하는 이들이 있다. 바로 적립식 매수(DCA, Dollar Cost Averaging) 전략가들이다.

"변동성은 적이 아니라, 수량을 늘려주는 엔진"

보통의 투자자들에게 변동성은 자산을 갉아먹는 독이지만, DCA 투자자에게는 평단가를 낮춰주는 고마운 '세일 기간'이다. 상승장에는 보유 자산의 평가 이익을 즐기고, 하락장에는 동일한 금액으로 더 많은 비트코인 단위(Sats)를 매집한다.

이 과정을 반복하면 나의 평균 매입 단가는 시장의 거품은 걷어내고 바닥의 가치는 흡수하는 선순환 구조를 갖게 된다. 결국 가격이 흔들릴수록 DCA 투자자의 계좌는 더욱 단단해진다.

‘마켓 타이밍’이라는 오만을 버려야 산다

전문가조차 맞추기 힘든 것이 ‘최저점’이다. 특히 거대 자본(고래)들이 물량을 던지며 시장을 압박할 때, 인간의 뇌는 본능적으로 공포에 사로잡혀 매수 버튼을 누르지 못한다. DCA는 이러한 인간의 본능을 기계적으로 차단한다.

“지금 살까, 말까”라는 소모적인 감정 소모를 버리고 정해진 시간에 정해진 금액을 사는 것만으로도, 탐욕에 사고 공포에 파는 치명적인 실수를 방지할 수 있다.

개인이 거대 기관을 이기는 유일한 무기, ‘시간’

기관 투자자들은 분기별 실적 보고와 고객들의 수익률 압박에 시달리는 ‘시간의 노예’다.

반면 개인 투자자는 비트코인의 희소성과 장기 우상향에 대한 확신만 있다면 **‘시간’**이라는 자원을 무제한으로 투입할 수 있다. 실제 데이터가 이를 증명한다. 지난 10년간 검색량이 폭발하던 고점에 ‘몰빵’한 투자자보다, 가격에 상관없이 매월 꾸준히 매수한 투자자의 수익률과 위험 대비 수익 비중(샤프 지수)이 압도적으로 높았다.

결론: "가격이 아니라 수량에 집중하라"

시장의 단기적인 소음(Noise)은 무시해도 좋다. 2,100만 개라는 한정된 공급량을 향해 가는 비트코인의 여정에서 승자는 가장 똑똑한 분석가가 아니라, 가장 꾸준하게 수량을 모은 인내심 있는 투자자다. 결국 투자는 '타이밍'의 게임이 아니라 '타임(시간)'의 게임이다.

DCA 투자자를 위한 체크리스트

- **기성**: 매주 또는 매월 특정 요일을 정했는가?
- **자동화**: 감정이 개입되지 않도록 자동 매수 설정을 했는가?
- **무관심**: 단기 가격 등락에 일희일비하지 않을 준비가 됐는가?

단계	내용	비고
자동화	거래소의 '자동 매수' 기능을 활용하라.	의지력을 쓰지 않는 것이 핵심이다.
주기 설정	주간 혹은 월간 중 본인의 현금 흐름에 맞게 정하라.	주기가 짧을수록 변동성 완화 효과가 크다.
자산 배분	생활에 지장 없는 '여유 자금'으로만 진행하라.	하락장에서도 멈추지 않는 것이 DCA의 생명이다.

2. 자산 배분과 리밸런싱:
비트코인 10억 시대를 견디게 하는 안전장치

"몰빵은 스스로를 신이라고 믿는 투자자의 오만함에서 나온다.

우리는 미래를 알 수 없기에 분산하는 것이다."

— 세스 클라만

몰빵은 결단처럼 보이지만, 실상은 전략의 부재다. 자산의 대부분을 하나의 가격 변동에 노출시키는 순간, 투자는 숫자의 게임이 아니라 심리의 전쟁으로 변질된다. 비트코인의 장기적 상승을 확신하더라도, 변동성 앞에서 인간의 정신은 생각보다 훨씬 약하다. 가격이 하루에 10%, 20%씩 흔들릴 때마다 심장은 먼저 반응하고, 이성은 뒤늦게 무너진다.

그래서 진짜 투자자는 자산 배분(Asset Allocation)을 먼저 설계한다. 비트코인을 핵심 자산(Core Asset)으로 두되, 일정 비율의 현금이나 스테이블 코인을 함께 보유하는 이유는 수익을 포기하기 위함이 아니라 투자 지속 가능성을 확보하기 위함이다. 현금은 단순한 대기 자금이 아니라, 하락장에서 공포를 이성으로 바꿔주는 완충 장치다.

여기에 리밸런싱(Rebalancing)이라는 기계적 규칙이 더해질 때 전략은 완성된다. 비트코인 가격이 급등해 자산 내 비중이 과도하게 커지면 일부 수익을 실현해 현금 비중을 회복하고, 반대로 가격이 크게 조정받아 비중이 줄어들면 미리 정한 규칙에 따라 다시 매수한다. 이 과정에는 예측도, 감정도 개입하지 않는다. 오직 비율과 규칙만이 작동한다.

이 단순한 구조는 탐욕과 공포라는 인간의 본능을 정면으로 거스른다. 남들이 더 오를 것이라 외칠 때 일부를 팔고, 모두가 끝났다고 말할 때 다시 사는 행위는 고통스럽지만, 바로 그 불편함이 장기 수익의 원천이다. 리밸런싱은 수익을 극대화하는 기술이기 이전에, 투자자를 시장에서 끝까지 살아남게 만드는 생존 장치다.

비트코인 10억으로 가는 길은 직선이 아니다. 반드시 깊은 낙폭과 긴 횡보, 그리고 신념을 시험하는 시간이 포함된다. 자산 배분과 리밸런싱이라는 안전벨트를 매지 않은 채 이 길에 오르는 것은, 절벽을 향해 브레이크 없는 차를 모는 것과 같다. 끝까지 완주하는 투자자는 가장 용감한 사람이 아니라, 가장 잘 준비된 사람이다.

3. 매도 시점을 잡는 법:
목표 수익률이 아니라 시장의 과열을 지표로 삼아라

"얼마에 팔 것인가?"라는 질문은 초보자의 질문이다. 진짜 투자자는 숫자가 아니라 사람들의 상태를 본다. 시장에서 고점은 가격이 아니라 심리로 완성되기 때문이다.

비트코인 시장의 꼭대기에는 언제나 공통된 풍경이 펼쳐진다. 주변의 모든 사람이 비트코인으로 돈을 벌었다고 말하고, 투자에 무관심하던 이들까지 계좌를 만들기 시작한다.

거래소 앱은 접속자가 몰려 먹통이 되고, 언론은 연일 '사상 최고가'와 '새로운 시대'를 외친다. 공포·탐욕 지수는 극단적인 탐욕을 가리키고, 합리적인 경고는 "이해하지 못하는 사람의 질투"로 치부된다.

이때 시장은 이미 가격이 아니라 확신으로 움직인다. 더 이상 "오를까?"가 아니라 "얼마나 더 오를까?"만 남은 상태, 그것이 진짜 위험 신호다. 모두가 같은 방향을 보고 있을 때, 시장에는 더 이상 새로 들어올 매수자가 남아 있지 않다. 고점은 늘 그렇게 조용히 준비된다.

현명한 투자자는 목표가라는 숫자에 자신을 가두지 않는다. 숫자는 마음을 편하게 해주지만, 시장은 결코 숫자대로 움직이지 않는다. 대신 그는 시장의 체온을 잰다. 탐욕이 광기로 변하는 순간, 환희가 상식이 되는 순간, 그때가 바로 리스크가 보상보다 커지는 지점이다.

진정한 매도는 비명을 지르며 뛰쳐나오는 행동이 아니다. 모두가 환호할 때, 조용히 문을 나서는 절제된 선택이다. 고점에서 판다는 것은 가장 비싸게 파는 것이 아니라, 가장 많은 확신이 모였을 때 빠져나오는 것이다. 시장의 열기에 취하지 않고 한 발 물러설 수 있는 사람만이, 종이 수익이 아닌 확정된 부를 손에 쥔다.

PART 7.

비트코인 10억 시대,
당신은 준비되었는가

14장

/

부의 이전,
그 거대한 흐름 앞에서

1. 비트코인 10억은 자산 격차의 임계점:
가진 자와 못 가진 자의 영구적 분리

"전 세계 모든 자산 중 가장 희소한 자산이다. 전 세계 부의 1%만

비트코인으로 유입되어도 100만 달러 도달은 필연적이다."

— 캐시 우드 (Cathie Wood)

비트코인 10억 원 시대는 단순한 가격 뉴스가 아니다. 그것은 자산 구조가 완전히 갈라지는 경계선이다. 이 선을 넘는 순간, 세상은 더 이상 같은 규칙으로 작동하지 않는다. 비트코인을 보유한 사람과 그렇지 못한 사람 사이에는 단순한 자산 차이가 아니라, 시스템에 대한 '지분'의 유무라는 질적으로 다른 격차가 생긴다. 역사를 돌아보면 언제나 그랬다. 토지가 화폐보다 우위에 섰던 시대, 산업화 초기에 공장을 가진 소수와 노동력만 가진 다수가 갈라졌던 순간, 금융자본이 실물자산을 압도하기 시작했던 전환점마다 임계가격이 존재했다. 그 가격을 넘어서면 자산은 더 이상 노력으로 따라잡을 수 있는 대상이 아니었다. 이미 가진 자는 기하급수적으로 부를 늘렸고, 가지지 못한 자는 평생을 추격해도 닿을 수 없는 거리에 놓였다.

비트코인 10억은 바로 그 임계점이다. 이 시점 이후 비트코인은 "살 수 있는 자산"이 아니라 "이미 가진 사람이 담보로 활용하는 자산"이 된다. 보유자는 대출을 받고, 재투자를 하고, 시스템 안에서 복리로 움직인다. 반면 비보유자는 노동 소득으로 상승하는 가격을 쫓아가야 한다. 속도의 차이는 결국 영구적인 분리로 귀결된다.

중요한 사실은 이것이다. 이 격차는 근면함이나 성실함의 문제가 아니다. 어느 편에 서 있었느냐의 문제다. 비트코인은 투자의 영역을 넘어, 새로운 금융 질서에 참여할 수 있는 입장권이 되어가고 있다. 그리고 입장권은 언제나 초기에 싸고, 대중이 확신하는 순간에는 닫힌다. 비트코인은 계층 이동의 마지막 사다리일지도 모른다. 이 사다리가 완전히 치워진 뒤에는, 노력으로 위로 올라갈 수 있다는 오래된 믿음마저 역사 속 문장으로 남게 될 것이다. 지금은 선택의 시간이다. 관망의 시간도, 중립의 시간도 아니다. 거대한 부의 이되는 이 순간, 당신은 어느 쪽에 설 것인가.

2. 개인의 금융 주권:
누군가의 허락 없이 내 부를 지키는 법

인류 역사에서 개인의 부는 언제나 누군가의 장부 위에 존재했다. 은행의 계좌, 국가의 통화 시스템, 법과 규제의 테두리 안에서만 '소유'가 인정되었다. 그 체계는 평온할 때는 편리했지만, 위기의 순간마다 개인의 재산은 가장 먼저 통제의 대상이 되었다. 인출 제한,

비트코인 10억 시대의 투자법

자본 통제, 통화 가치 절하—역사는 국가가 흔들릴 때 개인의 부가 얼마나 쉽게 희생되는지를 반복해서 증명해 왔다. 비트코인은 이 오랜 전제를 뒤집는다. 비트코인은 인류 역사상 처음으로, 국가나 은행의 개입 없이 개인이 완전히 소유할 수 있는 자산다. 개인 키를 가진 사람만이 자산에 대한 최종 권한을 갖는다. 누구의 승인도, 누구의 서명도 필요 없다. 내 부를 증명하기 위해 타인의 허락을 구하지 않아도 되는 것—이것이 바로 금융 주권의 본질이다.

금융 주권은 단순히 돈을 많이 버는 문제가 아니다. 그것은 내 자산의 생사여탈권을 내가 쥐고 있느냐의 문제다. 정치적 혼란, 금융 위기, 통화 체계의 붕괴 속에서도 비트코인은 국경을 넘고, 제도를 초월해 작동한다. 인터넷만 연결되어 있다면, 내 자산은 어디에서도 동일한 규칙으로 보호된다. 이는 기존 금융 시스템에서는 상상할 수 없었던 자유다. 비트코인은 도피처가 아니라 선택지다. 기존 시스템을 부정하기 위한 무기가 아니라, 시스템이 실패할 경우에도 개인을 지켜주는 마지막 안전망이다. 국가의 신용이 흔들릴수록, 은행의 건전성에 의문이 생길수록, 개인이 자신의 부를 직접 보관할 수 있는 능력은 생존의 조건이 된다.

결국 비트코인이 제공하는 가치는 가격표가 아니다. 그것은 "내 돈은 정말 내 것인가?"라는 질문에 인류 역사상 처음으로 **명확한 '예'**를 허락한 기술이다. 금융 주권을 가진 개인만이, 어떤 위기 속에서도 선택권을 잃지 않는다. 그리고 그 선택권이야말로, 비트 코인이 완성하는 진정한 부의 정의다.

3. 새로운 부의 기준점: 다음 세대에게 무엇을 물려줄 것인가

"자녀에게 줄 수 있는 가장 큰 선물은 충분한 돈이 아니라, 그 돈을 관리할 수 있는 지혜와 스스로 일어설 수 있는 교육이다."

— 워런 버핏 (Warren Buffett)

부의 상속은 언제나 시대의 가치관을 반영해 왔다. 부모 세대가 자녀에게 물려준 것은 단순한 재산이 아니라, 그 시대가 믿었던 '안정의 상징'이었다. 한때는 금이었고, 이후에는 땅과 건물이었다. 그러나 디지털 네트워크 위에서 살아가는 다음 세대에게, 물리적 자산은 더 이상 절대적인 기준이 아니다. 그들의 세계에서 가장 중요한 자산은 접근성, 이동성, 그리고 변하지 않는 규칙이다.

법정 화폐는 그 기준을 충족시키지 못한다. 발행량은 늘어나고, 가치는 정치와 정책에 따라 흔들린다. 다음 세대에게 법정 화폐는 부를 저장하는 수단이 아니라, 소비를 위해 잠시 거쳐 가는 유통기한이 있는 돈에 가깝다. 시간이 지날수록 그 구매력은 서서히, 그러

비트코인 10억 시대의 투자법

나 확실하게 침식된다. 반면 비트코인은 전혀 다른 성격을 가진다. 발행량이 고정되어 있고, 누구도 규칙을 바꿀 수 없다. 국경을 넘고, 세대를 건너도 동일한 프로토콜로 작동한다. 절대적 희소성과 불변성은 비트코인을 단순한 자산이 아니라, 하나의 '기준점'으로 만든다. 이것은 가격의 문제가 아니라, 신뢰의 문제다.

자녀에게 비트코인을 물려준다는 것은 돈을 주는 행위가 아니다. 그것은 "이것이 가치의 기준이다"라고 말해주는 일종의 나침반을 건네는 것이다. 인플레이션과 통화 실험이 반복되는 세계에서, 변하지 않는 기준점을 하나라도 갖고 있다는 것은 다음 세대에게 엄청난 정신적·경제적 안정감을 제공한다. 땅은 국가에 묶이고, 건물은 세금과 규제에 종속된다. 그러나 비트코인은 개인의 기억과 키 속에 존재한다. 이는 자산의 이동 방식뿐 아니라, 부를 정의하는 방식 자체가 바뀌고 있음을 의미한다. 디지털 영토를 소유한다는 것은, 어느 나라에 살든 동일한 규칙 아래에서 자산을 지킬 수 있다는 뜻이다.

결국 우리가 다음 세대에게 물려줄 수 있는 가장 큰 유산은 '얼마'가 아니라 '무엇을 기준으로 삼고 살아가야 하는가'다. 비트코인은 그 질문에 대한 하나의 명확한 답이다. 변하는 세상 속에서도 흔들리지 않는 기준. 그것을 물려주는 순간, 상속은 재산 이전을 넘어 가치의 전수가 된다.

15장

/

투자를 넘어
삶의 태도로서의 비트코인

1. 낮은 시간 선호(Low Time Preference):
당장의 쾌락을 미루고 미래를 설계하는 법

"미래를 예측하는 가장 좋은 방법은 미래를 창조하는 것이다."

— 피터 드러커 (Peter Drucker)

투자는 단순히 자산 포트폴리오를 바꾸는 행위가 아니다. 그것은 삶을 대하는 시간의 관점 자체를 재설정하는 경험이다. 우리는 오랫동안 "돈은 시간이 지나면 가치가 떨어진다"는 전제를 당연하게 받아들여 왔다. 이 구조 속에서 합리적인 선택은 언제나 하나였다. 벌자마자 쓰고, 오늘의 쾌락을 최대한 앞당기는 것. 인플레이션 화폐 체계는 사람들을 자연스럽게 높은 시간 선호의 삶으로 밀어 넣는다. 하지만 가치가 훼손되지 않고, 오히려 시간이 지날수록 희소해지는 자산을 소유하는 순간 사고방식은 완전히 달라진다. 비트코인은 "지금 쓰지 않아도 된다"는 선택지를 처음으로 가능하게 만든다. 소비를 미루는 것이 손해가 아니라, 오히려 합리적인 전략이 되는 것이다. 이것이 바로 낮은 시간 선호(Low Time Preference)다.

낮은 시간 선호를 가진 사람은 즉각적인 만족보다 장기적인 결과를 우선한다. 충동 구매 대신 계획을 세우고, 단기적 유행보다 구조적인 변화를 바라본다. 비트코인을 이해한 사람들의 삶이 점점 더 절제되고, 체계적이며, 장기적인 방향성을 띠는 이유가 여기에 있다. 그들은 더 이상 '이번 달을 버티는 삶'을 살지 않는다.

10년 뒤의 자신을 설계하며 현재를 관리한다. 이 변화는 소비 습관을 넘어 인생 전반으로 확장된다. 커리어 선택, 인간관계, 학습과 건강 관리까지 모든 결정의 기준이 '지금 당장'에서 '미래의 나'로 이동한다. 이는 금욕이 아니라 주도권의 회복이다. 현재의 충동이 아니라, 미래의 목표가 오늘의 행동을 결정하게 되는 상태다.

비트코인은 우리에게 묻는다.

"지금의 만족을 위해 미래를 희생할 것인가,

아니면 미래를 위해 지금을 설계할 것인가."

이 질문에 답하는 순간, 투자는 삶의 철학이 된다. 낮은 시간 선호는 부자의 성격이 아니라, 부자가 될 수밖에 없는 사고방식이다. 비트코인은 가격 상승 이전에, 바로 이 태도 변화에서 가장 큰 가치를 만들어낸다.

2. 불확실한 세상에서 확실한 규칙에 베팅하라

우리가 살아가는 세상에서 확실한 것은 거의 없다. 정권은 바뀌고, 정책은 뒤집히며, 약속은 상황에 따라 해석된다. 경제 지표는 언제든 수정되고, 위기 앞에서 규칙은 예외라는 이름으로 손쉽게 무너진다. 인간이 만든 시스템은 늘 "필요하다면 바꿀 수 있다"는 여지를 남긴다. 바로 그 유연함이, 동시에 가장 큰 불확실성이다.

비트코인은 이 불확실성의 한가운데에서 정반대의 선택을 했다.
누구도 예외를 만들 수 없는 규칙.
상황에 따라 수정되지 않는 약속.

비트코인은 10분마다 블록을 생성하고, 약 4년마다 보상이 반감되며, 총발행량은 2,100만 개를 넘지 않는다. 이 단순한 규칙은 15년이 넘는 시간 동안 단 한 번도 흔들린 적이 없다. 전쟁이 나도, 금융 위기가 와도, 대통령이 바뀌어도 비트코인의 시계는 멈추지 않는다. 인간의 말이 아니라 수학과 코드가 약속을 집행하기 때문이다.

비트코인에 투자한다는 것은 특정 국가나 기업, 혹은 인물을 믿는 행위가 아니다. 그것은 예측 불가능한 인간의 판단 대신, 예측 가능한 규칙에 베팅하는 선택이다. 누군가의 선의나 능력을 신뢰하는 것이 아니라, 누구도 바꿀 수 없는 시스템의 구조를 신뢰하는 것이다. 불확실한 세상에서 살아남는 방법은 모든 변수를 맞히는 것이 아니다. 오히려 변수가 아무리 요동쳐도 변하지 않는 기준점 하나를 확보하는 것이다. 비트코인은 그 기준점을 제공한다. 통제할 수 없는 정치와 경제를 분석하느라 에너지를 소모하기보다, 변하지 않는 규칙 위에 자산을 올려두는 것. 이것이야말로 가장 냉정하고 합리적인 생존 전략이다.

결국 선택은 명확하다.

계속해서 말을 바꾸는 인간의 시스템을 믿을 것인가, 아니면 단 한 줄도 스스로 수정할 수 없는 코드의 규칙을 믿을 것인가.

비트코인은 불확실성을 제거해 주지 않는다. 다만, 그 혼돈 속에서 우리가 의지할 수 있는 유일한 확실성을 제공한다. 그리고 그 확실성 위에 베팅하는 사람들은, 시간이 지날수록 점점 더 흔들리지 않는 위치에 서게 된다.

3. 자산의 자유가 가져당 주는 삶의 본질적인 가치

돈은 목적이 아니라 수단이어야 한다. 그러나 대부분의 사람들은 생존을 위해 돈을 좇다가, 어느새 돈을 위해 삶을 소모한다. 시간은 흘러가고, 하고 싶지 않은 일을 반복하는 동안 인생의 중요한 장면들은 조용히 지나간다. 진짜 빈곤은 통장 잔고의 부족이 아니라, 내

　　　　　　　　　　　　　　　　　비트코인 10억 시대의 투자법

시간을 스스로 선택할 수 없는 상태다. 비트코인이 제공하는 자산의 자유는 단순히 숫자가 늘어나는 경험이 아니다. 그것은 삶의 주도권을 되찾는 과정이다. 경제적 압박에서 벗어난 순간, 우리는 처음으로 질문할 수 있게 된다. "나는 무엇을 하며 살고 싶은가?" 이 질문을 던질 수 있다는 사실 자체가 이미 자유의 증거다.

자산의 자유는 하기 싫은 일을 억지로 계속하지 않아도 되는 선택지를 만든다. 상사의 눈치를 보지 않아도 되고, 불합리한 구조에 나를 끼워 맞추지 않아도 된다. 그 시간은 가족에게, 사랑하는 사람에게, 혹은 오롯이 나 자신에게 돌아온다. 돈이 벌어준 것은 사치가 아니라 삶의 여백이다. 비트코인 10억 시대의 진짜 의미는 소비의 확장이 아니다. 더 비싼 것을 사는 능력이 아니라, 무엇을 사지 않을지 선택할 수 있는 힘이다. 필요 없는 경쟁에서 물러나고, 남의 기준이 아닌 나만의 속도로 살아갈 수 있는 여유. 그것이 자산의 자유가 궁극적으로 도달해야 할 지점이다.

결국 비트코인은 인생의 목적이 아니다. 그러나 인생의 목적에 가까이 갈 수 있게 해주는 강력한 도구다. 시간이 돈을 지배하는 삶에서, 돈이 시간을 지켜주는 삶으로의 전환. 비트코인 10억 시대는 당신에게 더 많은 숫자가 아니라, 더 많은 삶을 돌려줄 것이다.

> *"문 밖에 서 있는 사람과*
> *문을 열고 들어가는 사람의 차이"*

에필로그: 이제 당신의 차례다

모든 거대한 시대적 전환기에는 두 부류의 인간이 존재한다. 변화의 파도를 멀리서 지켜보며 의구심을 던지는 '문 밖의 사람들'과, 그 파도에 올라타 새로운 질서를 선점하는 '문을 열고 들어가는 사람들'이다. 비트코인이 12만 달러를 돌파하며 기성 금융의 핵심 자산으로 편입된 2026년 현재, 우리는 이제 선택이 아닌 '결단'의 기로에 서 있다.

'정해진 미래'로서의 10억, 그 수학적 필연성

비트코인 10억 원 이라는 숫자는 더 이상 광기 어린 낙관론자들의 전유물이 아니다. 4년마다 반복되는 반감기에 따른 공급 절벽, 비트코인 현물 ETF를 통한 기관 자금의 무한 유입, 그리고 무엇보다 화폐 가치의 하락(인플레이션)이라는 거대한 흐름이 이 숫자를 '정해진 미래'로 수렴시키고 있다.

하지만 중요한 것은 미래의 가격이 아니다. 그 찬란한 결과값이 과연 '당신의 계좌'에 기록될 것인가 하는 점이다. 미래는 모두에게 공평하게 다가오지만, 그 가치를 소유하는 것은 오직 능동적으로 대비한 자들 뿐이다.

두려움을 무기로 바꾼 투자자들의 공통점

부의 추월차선에 올라탄 이들은 '가격'이 아니라 '가치'를 본다. 시장이 요동칠 때 문 밖에 서 있는 이들은 "거품이 꺼졌다"며 도망치기에 바쁘지만, 문 안으로 들어선 투자자들은 온체인 데이터를 통해 고래들의 매집 현황을 살피고 DCA(적립식 매수)를 통해 평단가를 낮춘다.

두려움은 무지에서 온다. 비트코인의 2,100만 개 희소성과 탈중앙화된 네트워크의 힘을 철저히 공부한 이들에게 변동성은 '리스크'가 아니라 자산을 불려주는 '엔진'이다. 그들은 이미 소음을 뚫고 진실을 보는 무기를 손에 쥐었다.

10억 시대를 맞이하는 '능동적 생존 전략'

비트코인 10억 시대를 목전에 둔 지금, 투자자가 갖춰야 할 태도는 명확하다.

첫째, 수량의 관점으로 시장을 보라. 가격은 흔들릴 수 있지만, 당신의 지갑에 담긴 비트코인 수량은 변하지 않는다. 10억 시대의 주인공은 고점에서 판 사람이 아니라, 끝까지 수량을 지켜낸 사람이다.

둘째, 시간이라는 지렛대를 활용하라. 단기적인 수익률에 목매는 개미는 결코 10억의 열매를 맛볼 수 없다. 자녀에게 물려줄 '디지털 영토'를 가꾼다는 마음으로 시간을 자기 편으로 만들어야 한다.

셋째, 리스크를 통제하는 겸손함을 유지하라. 과도한 레버리지와 몰빵은 문턱을 넘기도 전에 당신을 시장에서 퇴출시킨다. 분산과 헤징, 그리고 냉철한 소신만이 당신을 목적지까지 인도할 것이다.

결론: 이제 당신의 차례다

문은 이미 열려 있다. 이 문을 열고 들어가 새로운 부의 규칙 안에서 주인공이 될 것인지, 아니면 훗날 "그때 문 안으로 들어갔어야 했다"며 무거운 후회를 남길 것인지는 오늘 당신의 결단에 달려 있다.

세상은 실천하는 만큼 쌓이고, 부는 행동하는 자의 곁에 머문다. 비트코인 10억 시대라는 거대한 항해의 키는 이미 당신의 손에 쥐어졌다. 이제 당신이 그 문을 열고 당당히 입장할 차례다.

> *"작은 이익에 눈이 멀면 큰 계획을 망치고,*
> *당장의 편안함을 좇으면 훗날 큰 재앙을 부른다."*
>
> — 웅정제 (청제국 황제)

부록

/

부록. 코인 선물 실전:
거래소 중심 최소 실전 가이드

1장. 선물 거래,
시작 전에 알아야 할 것

1. 현물 거래(Spot)와 선물 거래(Futures)의 차이

선물 거래를 시작하기 전에, 현물 거래와의 근본적인 차이점을 명확히 이해해야 한다.

구분	현물 거래 (Spot Trading)	선물 거래 (Futures Trading)
본질	실제 코인 자산을 소유하고 사고파는 거래	미래 가격을 기준으로 계약을 사고파는 거래
자산 보유	실제 코인을 보유 (예: BTC, ETH)	코인 없이 계약(포지션)만 보유
수익 구조	가격 상승 시에만 수익 가능	롱(Long): 가격 상승 시 수익숏(Short): 가격 하락 시 수익
레버리지	사용 불가 (1배수)	사용 가능 (최대 125배, 위험 극대화)
리스크	손실은 투자금 한도 내로 제한됨	레버리지 사용 시 청산 위험 및 원금 초과 손실 가능성 (경우에 따라)
목적	장기 보유, 안정적 투자	단기 매매, 변동성 활용, 헤지(Hedge), 리스크 관리

요약: 현물은 **'소유'**의 거래이고, 선물은 **'가격 변동에 베팅'**하는 계약 거래이며, 레버리지를 통해 리스크가 확대된다.

2. 왜 선물은 대부분 돈을 잃는가

선물 거래는 수익 기회가 큰 만큼, 손실 가능성도 크며, 대부분의 투자자가 돈을 잃는 이유는 명확하다. 이는 거래 기법의 문제보다 심리적 통제의 문제인 경우가 많다.

원인	설명 및 결과
레버리지 과용	레버리지를 높이면 수익뿐만 아니라 손실도 비례해 커진다. 감당할 수 없는 포지션 크기는 작은 가격 변동에도 계좌 청산을 유발한다.
감정적 매매	공포와 탐욕에 흔들려 포지션 계획을 무시한다. 하락장에서 패닉 매도(손절), 상승장에서 과도한 추격 매수로 손실을 반복한다.
전략 없는 단순 베팅	가격 방향 예측만 믿고 리스크 관리 없이 진입한다. 손익비(Risk/Reward Ratio) 계산 없이 운에 맡기는 매매를 반복하여 손실이 누적된다.
손절의 부재	손실을 인정하지 않고 포지션을 버티다가, 결국 시장이 강제로 청산시키는 지점까지 간다.

핵심: 선물 거래는 전략과 규칙, 그리고 철저한 자기 통제 없이는 대부분 손실로 끝난다.

3. 선물에 적합하지 않은 투자자

선물 거래는 '도구'이지 만능열쇠가 아니다. 다음과 같은 성향의 투자자는 선물 거래를 피해야 한다.

부적합 투자자 유형	선물 거래 시 문제점
감정 조절이 어려운 사람	가격 변동에 쉽게 흔들리고 충동적으로 매매하여, 계획된 손절 라인을 지키지 못한다.
재정적 여유가 부족한 사람	손실 시 생활에 지장을 주거나, 레버리지 사용 시 원금 이상 손실 위험(마진콜 등)을 감당할 수 없다.
전략 없이 단순 추종하는 사람	전문가나 단기 뉴스에 따라 맹목적으로 매수·매도만 반복하여 자기 판단 기준이 없다.
장기적 관점이 없는 사람	한 방 단기 수익만 쫓고, 위험 관리나 시장의 근본적인 이해 없이 오직 베팅에만 집중한다.

요약: 선물 거래는 '감정 조절 능력 + 충분한 여유 자금 + 전략적 사고'를 갖춘 투자자에게만 적합하며, 이는 수익보다 생존을 최우선 목표로 둘 때 의미를 갖는다.

2장. 거래소 구조 이해하기

▼ 증거금·청산 구조 한눈에 보기

선물 거래에서 가장 중요한 개념 중 하나가 증거금(Margin)과 청산(Liquidation) 구조이다. 이 구조를 이해하지 못하면 작은 가격 변동에도 계좌가 날아갈 수 있다.

1. 증거금(Margin)

증거금은 선물 포지션을 유지하기 위해 거래소에 맡기는 담보금이다.

증거금 구분	정의	예시 (BTC 3만 달러, 1BTC 롱, 10배 레버리지)
초기 증거금 (Initial Margin)	포지션 진입 시 계좌에 있어야 하는 최소 금액	3,000달러 (30,000달러 / 10배)
유지 증거금 (Maintenance Margin)	포지션을 유지하기 위해 필요한 최소 금액	초기 증거금보다 훨씬 낮은 금액. 이 금액 이하로 계좌 자산이 떨어지면 **강제 청산** 발생

포인트: 레버리지를 높일수록 초기 증거금은 적게 들어가지만, 가격 변동에 대한 계좌 여유가 줄어 청산 위험이 기하급수적으로 커진다.

포지션(Position) 및 레버리지(Leverage) 의미

포지션	의미	전략	실전 예시 (BTC 3만 달러 기준)
롱 (Long)	가격이 오를 것으로 예상하고 진입	상승장에서 수익 발생	가격 3만2천 달러 → 2천 달러 수익
숏 (Short)	가격이 내릴 것으로 예상하고 진입	하락장에서 수익 발생	가격 2만8천 달러 → 2천 달러 수익
레버리지	의미	효과	청산 관계
레버리지 (Leverage)	적은 증거금으로 더 큰 금액을 거래하는 배율. "내 돈을 몇 배로 빌려서 거래하는 구조"	수익률과 손실률을 동시에 확대. 가격 1% 움직임이 계좌를 10% 이상 흔들 수 있음 (10배 기준).	레버리지가 높을수록 청산 가격이 진입가에 가까워진다. 조금만 불리해도 계좌가 사라진다.

2. 청산(Liquidation) 구조

청산은 계좌 자산이 유지 증거금 이하로 내려갈 때 거래소가 자동으로 포지션을 종료시키는 과정이다.

단계	메커니즘	결과
1단계	계좌 잔고 〈 유지 증거금	청산 발생
2단계	거래소가 청산 가격에 맞춰 포지션을 **시장가로 강제 종료**	손실이 레버리지에 따라 초기 증거금을 넘어 계좌 잔고 대부분을 잠식
3단계	손실이 초기 증거금을 초과하지 않도록 **보험 기금 (Insurance Fund)**으로 보전	투자자의 손실이 원금 이상으로 확대되는 것을 방지 (거래소마다 다름)

포인트: 레버리지가 높을수록 작은 가격 변동에도 청산 가능성이 높아집니다. 항상 계좌 여유 자금을 충분히 두어 청산 위험으로부터 거리를 두어야 한다.

▼ 교차(Cross) vs 격리(Isolated) 마진 방식

선물 거래 포지션을 잡을 때 반드시 선택해야 하는 것이 **마진 방식 (Margin Mode)**이다. 이 선택이 청산 범위와 계좌 생존 여부를 결정한다.

구분	교차 마진 (Cross)	격리 마진 (Isolated)
증거금	선물 계좌에 있는 **전체 잔고를 공유**	포지션마다 증거금을 **따로 분리**하여 사용
청산 거리	**계좌 전체를 담보**로 사용하므로 **상대적으로 멀다**	**설정한 증거금만** 사용하므로 **상대적으로 가깝다**
손실 범위	한 포지션의 청산이 **계좌 전체**를 위험에 빠뜨릴 수 있음	손실은 설정한 증거금 **한도 내**로 제한됨
위험도	높음 (자기 통제 필요)	**통제 가능** (리스크 관리가 명확)
추천 대상	장기 헤지, 숙련자	**초보자**, 단기 트레이딩, 손실 통제가 중요한 매매

실전에서의 원칙

초보자는 무조건 격리(Isolated)를 사용해야 한다. 교차 마진은 "청산을 늦춰주는 방식"이지 "손실을 없애주는 방식"이 아니다. 교차는 숙련자가 명확한 헤지 전략 하에 사용할 때만 의미가 있다.

한 줄 요약: 살아남고 싶다면, 포지션 단위로 손실을 제한하는 **격리(Isolated)**부터 시작해야 한다.

▼ 수수료·펀딩비의 실제 영향

많은 초보자는 선물 거래에서 수익과 손실만 보지만, 실제 계좌를 갉아먹는 것은 눈에 잘 띄지 않는 수수료와 펀딩비이다.

1. 거래 수수료 (Trading Fee)

구분	의미	실전 체감
정의	포지션을 열고 닫을 때(왕복) 거래소에 지불하는 비용	단타 매매를 많이 할수록 수수료가 수익을 잠식하여 "이겼는데 돈이 안 남는 구조" 발생
메이커/ 테이커	메이커(지정가, 유동성 제공)는 수수료가 낮고, 테이커(시장가, 즉시 체결)는 수수료가 높다.	단타 매매자의 가장 큰 적은 손절이 아니라 왕복 수수료다.

2. 펀딩비 (Funding Fee)

구분	의미	함정 및 영향
정의	롱과 숏 포지션 간의 균형을 맞추기 위해 트레이더끼리 주고받는 비용 (8시간마다 정산)	"가격은 안 움직였는데 돈이 줄었다?" 펀딩비 때문이다.
구조	롱 포지션이 많으면 **롱이 숏에게** 지급. 숏 포지션이 많으면 **숏이 롱에게** 지급	고레버리지일수록, 장시간 포지션을 유지할수록 펀딩비 부담은 기하급수적으로 커진다.

실전 대응 원칙

시장은 가만히 있어도 거래소와 시장 구조는 계속 돈을 가져간다.

- 수수료: 불필요한 진입을 줄여 거래 횟수를 최소화해야 한다.
- 펀딩비: 장기 포지션 진입 전 펀딩비 방향을 반드시 확인해야 한다. 횡보장에서는 거래하지 않는 것이 가장 현명하다.

한 줄 요약: 선물 거래에서 살아남는 사람은 방향보다 **'비용'**을 먼저 계산한다. 수수료는 움직일수록, 펀딩비는 가만히 있어도 빠져나간다.

3장. 주문 방식과 기본 세팅

▼ 시장가·지정가 사용 기준

선물 거래에서 수익과 손실을 가르는 것은 **"어디서 들어갔는가"**보다 "어떤 주문 방식을 썼는가"**인 경우가 많다. 시장가와 지정가는 수수료, 체결 방식, 심리까지 모두 바꾸는 선택이다.

구분	시장가 주문 (Market Order)	지정가 주문 (Limit Order)
의미	현재 시장의 가장 좋은 가격으로 **즉시 체결**	원하는 가격을 지정, 도달 시 **조건부 체결**
체결 속도	즉시	조건 충족 시 (체결 불가능성 존재)
수수료	**테이커 수수료 적용 (비쌈)**	**메이커 수수료 적용 (저렴)**
가격 정확성	낮음 (슬리피지 발생 가능)	높음 (슬리피지 없음)
추천 용도	**손절, 청산 직전, 위기 탈출** (가격보다 생존이 중요할 때)	**진입, 분할 매매, 계획 매매** (기다릴 줄 아는 사람이 쓸 때)

초보자가 가장 많이 하는 실수

- 진입은 시장가, 손절은 지정가 → 진입은 비싸게 하고, 손절은 급변동 시 체결이 안 되어 청산 위험이 커진다.
- 진입은 지정가, 손절은 시장가 → 수수료 절감 및 가격 통제 가능, 위기 시 무조건 탈출 우선으로 생존 확률이 가장 높다.

한 줄 요약: 시장가는 지금 당장 나가야 할 때, 지정가는 계획한 자리에서만 들어갈 때 사용합니다. 주문 방식은 기술이 아니라 태도다.

▼ 손절·익절 주문 설정법 (실전 핵심)

선물 거래에서 손절과 익절은 선택 사항이 아니라 생존 장치다. 손절 없는 매매는 "이번엔 버텨보자"가 아니라 "언젠가 계좌가 사라진다"는 뜻이다.

1. 손절 주문(Stop Loss)은 왜 먼저인가

실전에서는 진입보다 손절 기준을 먼저 생각해야 한다.
손절이 정해지지 않은 진입은 진입이 아니라 도박이다.

2. 손절 주문 설정 원칙

원칙	실전 적용	이유
손절은 시장가 (Stop Market)	손절은 무조건 시장가로 설정	지정가 손절은 급변동 시 체결이 안 되어 손절 실패 = 청산으로 이어진다.
기준은 '구조'	지지선 이탈, 시나리오 무효화 지점	손절은 "내 판단이 틀렸다는 신호"에서 하는 것이지, 단순한 금액 손실 기준이 아니다.
계좌 기준 한도	1회 트레이드 손실은 계좌의 1~2% 이내	손절 폭에 맞춰 포지션 크기와 레버리지를 결정해야 한다. (리스크 기준 포지션 사이즈 공식 사용)

3. 익절 주문(Take Profit) 설정법

익절은 수익을 극대화하는 기술이 아니라 수익을 지키는 기술이다.

- 익절은 분할이 기본: 한 번에 전량 익절 대신, 1차 / 2차 / 잔량으로 나누어 심리 안정과 평균 수익 상승을 도모한다.
- 손익비(R:R)는 최소 1:2: 손절 -1일 때 익절 +2 이상을 목표로 해야, 승률 40%로도 계좌가 성장할 수 있다.
- 익절은 지정가 + 상황별 시장가: 계획된 목표가에서는 지정가를, 예상치 못한 급변동 시에는 시장가로 일부를 정리하여 수익을 놓치지 않는 것을 중요시한다.

4. 실전 주문 세팅 순서 (중요)

① 진입 지정가 주문
② 손절 주문부터 설정 (Stop Market)
③ 익절 주문 설정 (Take Profit)
④ 포지션 크기 및 레버리지 재확인

경고: 손절 없는 상태로 포지션을 열어두지 말아야 한다.

▼ Reduce-Only · TP/SL 실전 사용

Reduce-Only와 TP/SL은 실수를 막아주는 안전벨트다. 사고는 "방향을 틀려서"가 아니라 주문 설정 실수에서 시작된다.

기능	의미	왜 반드시 써야 하는가 (사고 방지)
Reduce -Only	현재 포지션을 줄이거나 닫을 때만 체결되는 주문. 새 포지션을 늘리지 않는다.	익절 주문 시 Reduce-Only를 체크하지 않으면, 익절 후 반대 방향 포지션 신규 진입 사고가 발생하여 포지션이 두 배가 될 수 있다.

사용 원칙: 익절 주문 및 포지션 관리용 부분 청산에는 무조건 ON 상태를 유지해야 한다.

1. TP / SL (Take Profit / Stop Loss)

TP/SL은 감정이 개입되기 전에 기계적으로 포지션을 관리하게 만든다.

- SL (손절): **시장가(Stop Market)**로 설정하여 생존을 보장하는 역할. 진입 직후 바로 설정해야 한다.
- TP (익절): 계획된 가격에 지정가로 설정하고, Reduce-Only를 반드시 체크하여 욕심을 차단하는 역할.

2. 한 계좌를 지켜주는 최소 세팅

주문 종류	방식	기능
진입	지정가	수수료 절감 및 가격 통제
손절 (SL)	Stop Market + Reduce-Only	무조건 탈출 (생존 장치)
익절 (TP)	지정가 + Reduce-Only	수익 지키기 (사고 방지 스위치)

한 줄 요약: 선물 거래에서 기능을 아는 것과 기능을 **'항상 켜두는 것'**은 완전히 다르다.

4장. 레버리지와 포지션 관리

▼ 레버리지 착시와 실제 위험

레버리지는 "수익을 빠르게 키워주는 도구"로 보이지만, 실제로는 대부분의 계좌를 빠르게 사라지게 만드는 장치다. 문제는 레버리지 그 자체가

비트코인 10억 시대의 투자법

아니라, 레버리지가 만들어내는 착시다.

1. 레버리지 착시란 무엇인가

레버리지 착시는 "내가 감당할 수 있는 증거금"과 "실제로 감당해야 하는 노출 위험"을 혼동하는 데서 시작된다. 100만 원 증거금으로 10배 레버리지를 사용하면 1,000만 원 포지션이 된다. 투자자는 "나는 100만 원만 잃는다"고 느끼지만, 시장은 1,000만 원 포지션 크기를 기준으로 움직인다. 손실 속도는 투입한 돈이 아니라 노출된 포지션 크기를 기준으로 발생한다.

2. 가격 변동과 계좌 손실의 비대칭성

비트코인은 하루 3~5% 움직이는 것이 일상적입니다. 레버리지 사용 시 이 일상적인 움직임이 계좌에 비정상적인 영향을 준다.

레버리지	가격 − 2% 하락 시 계좌 영향 (근사치)	심리적 결과
5배	− 10%	심리 흔들림 시작
10배	− 20%	손절 규칙 붕괴 유혹
50배	− 100% 근접	청산 근접 → 패닉

경고: 청산은 멀어도, 감정은 먼저 무너진다. 레버리지가 높을수록 손절 규칙이 붕괴될 가능성이 커진다.

3. 레버리지를 다루는 현실적인 원칙

- 레버리지는 도구이지 실력이 아니다.
- 레버리지가 낮을수록 전략을 끝까지 실행할 수 있는 시간을 확보한다.

- 고수익은 고레버리지에서 나오지 않고, 오래 살아남은 사람은 항상 낮은 레버리지를 사용한다.

한 줄 요약: 레버리지는 수익을 키우는 장치가 아니라 실수를 확대하는 장치다.

▼ 포지션 사이즈 정하는 법 (리스크 기반 공식)

계좌의 생존을 결정짓는 것은 레버리지가 아니라 **포지션 사이즈(Position Size)**다. 레버리지를 낮춰도 포지션 사이즈를 크게 잡으면 위험은 그대로다.

1. 포지션 사이즈의 유일한 기준

포지션 사이즈는 오직 하나로 결정한다.

"한 번 틀렸을 때 계좌에서 얼마까지 잃을 것인가."

이 금액이 정해지지 않았다면, 아직 진입할 준비가 아니다.

2. 실전 기준 공식 (가장 중요)

단계	목표	계산 공식	예시 (계좌 10,000, 손절 폭 -1.5%)
① 계좌 손실 한도	1회 트레이드 손실을 계좌의 **1~2%**로 제한	10,000 × 1.5% = 150 달러	
② 손절 폭	진입가와 손절가 사이의 거리 (퍼센트)	-1.5%	
③ 포지션 크기	허용 손실 ÷ 손절 폭	150 ÷ 0.015 = 10,000 $달러	

포인트: 레버리지는 포지션 크기를 맞춘 뒤 **"증거금을 얼마나 묶을 것인가"**를 결정하는 결과값이지, 기준이 아니다.

비트코인 10억 시대의 투자법

3. 실전에서 안전한 포지션의 특징

- 청산가를 보지 않아도 된다.
- 가격이 흔들려도 판단이 흐려지지 않는다.

반대로 차트에서 눈을 못 떼고 가격이 0.5%만 움직여도 심장이 뛴다면, 이미 사이즈가 과한 것이다.

한 줄 요약: 포지션 사이즈는 수익을 키우는 공식이 아니라 생존을 계산하는 공식이다.

▌ 올인 매매가 망하는 이유

올인 매매는 **"한 번만 맞히면 된다"**는 생각에서 시작되지만, 시장은 확률을 거부하는 올인을 절대 오래 데리고 가지 않는다.

1. 시장은 '한 번'을 허락하지 않는다: 시장에는 100% 확률도, 반드시 맞는 매매도 없다. 올인 매매는 한 번의 실패가 퇴장으로 이어지므로, 다음 기회가 사라진다.
2. 올인은 손절을 무력화한다: 올인을 하는 순간 손절은 계좌 종료를 의미하므로, 결국 버티거나 청산되는 극단적인 선택만 남는다.
3. 변동성을 적으로 만든다: 작은 일상적인 조정도 올인 상태에서는 치명타가 되어, 정상적인 움직임에도 패닉에 빠진다. 문제는 시장이 아니라 사이즈다.
4. 통계적으로 살아남을 수 없다: 승률이 높은 전략이라도 연속 손실 구간이 반드시 존재하기 때문에, 올인을 반복하면 언젠가는 계좌가 0이 된다.

한 줄 요약: 올인은 수익을 극대화하는 방법이 아니라 퇴장을 앞당기는 가장 빠른 방법이다. 고수는 지지 않는 법을 먼저 배운다.

5장. 차트 실전 활용

▼ 추세 구간과 횡보 구간 구분

시장에서 돈을 잃는 가장 흔한 이유는 맞지 않는 구간에서 같은 전략을 쓰기 때문이다. 구간 판단이 매매의 절반이다.

구분	추세 구간 (Trend Market)	횡보 구간 (Range Market)
고점/저점 구조	상승 추세: Higher High / Higher Low 갱신 하락 추세: Lower High / Lower Low 갱신	고점은 막히고, 저점은 받쳐지는 박스권 형성 (갱신되지 않음)
이동 평균선	정렬 상태 (예: 20-60-120), 가격이 위/아래에 명확히 위치	이평선이 수평이거나 꼬여 있으며, 가격이 이평선을 수시로 관통
되돌림 성격	되돌림(조정)은 진입 기회 (거래량 감소)	돌파처럼 보여도 거래량이 실종되어 가짜 신호가 많음
추천 전략	눌림목 진입, 추세 추종 (손익비 좋음)	상단 숏, 하단 롱 대응, 짧은 손절 (단타)

가장 간단한 구분 질문: "지금 이 가격이 고점·저점 구조를 깨고 있는가?" YES(추세) / NO(횡보 또는 관망). 모를 때는 하지 않는 것이 전략이다.

▼ 지지·저항의 최소 활용법

지지와 저항은 예측 도구가 아니라 대응 도구다. 실전에서 필요한 것은 불필요한 선을 지우고 쓸 수 있는 최소한의 기준이다.

1. 꼭 그려야 할 선은 단 두 종류

가장 최근의 고점과 저점: 최근 고점(저항), 최근 저점(지지)

여러 번 반응한 가격대: 한 번은 우연, 세 번 이상은 의미 있음. 선 하나에 집착하지 말고 가격대(Zone)로 봐야 한다.

2. 지지·저항 실전 활용법

기준	활용	원칙
진입	지지 근처 -롱 고려 저항 근처 -숏 고려	확인(캔들 반응, 거래량) 없는 진입은 금물
손절	지지 이탈 – 롱 손절 저항 돌파 – 숏 손절	손절은 지지·저항 바로 바깥에 둔다.
익절	지지 – 저항, 저항 – 지지	가장 단순하고 오래 먹히는 구조

가장 흔한 실수: 선이 깨졌는데도 믿고 버티는 것. 지지·저항은 깨지는 순간 역할이 바뀐다.

▼ 예측이 아닌 대응 관점

대부분의 초보자는 "어디로 갈까요?"라고 묻지만, 살아남는 사람은 **"여기서 어떻게 대응할 것인가?"**를 먼저 묻는다. 예측은 방향을 단정하게 만들어 손절을 늦추지만, 대응은 모든 가능성을 받아들이고 규칙을 실행하게 만든다.

대응 관점의 핵심 구조 (진입 전 필수 점검)

1. 이 가격에서 - 유지되면 어떻게 할 것인가?

2. 이 가격이 - 깨지면 어떻게 할 것인가? (손절 위치)

3. 아무 일 없으면 - 아무 것도 하지 않는가?

한 줄 요약: 시장은 맞히는 사람보다 대응하는 사람을 오래 살려둔다.

6장. 손절과 청산 피하기

▼ 손절을 안 하면 생기는 일

손절을 하지 않는 것은 "이번 판단이 틀릴 리 없다"는 선언과 같다. 시장은 그 선언을 가장 가혹하게 시험한다.

- 손실이 아니라 '판단력'을 잃는다: 손절을 미루는 순간 냉정함이 사라지고, 매매는 분석이 아니라 자기 설득이 된다.
- 작은 손실이 큰 손실로 변한다: 모든 큰 손실은 예외 없이 작은 손실을 인정하지 않은 결과다.
- 포지션 사이즈가 곧 감옥이 된다: 손절을 못 하는 이유의 대부분은 사이즈가 과하기 때문이다.

경고: 손절을 하지 않으면 선택권은 자동으로 시장에게 넘어가 '청산'이 대신 퇴장시킨다. 손절은 비용이고, 청산은 대가다.

▼ 청산 구조 이해

청산은 운이 나빠서 당하는 사고가 아니라, 정해진 수식과 규칙의 결과이다. 구조를 모르면 청산은 갑작스럽지만, 구조를 알면 항상 예고된 사건입니다.

청산의 본질	발생 이유	청산 가격 결정 요소
정의	계좌의 유지 증거금이 기준 이하로 떨어졌을 때 거래소가 포지션을 강제 종료하는 것.	진입 가격, 레버리지, 포지션 방향, 증거금 방식(교차/격리), 유지 증거금률.
위험의 본질	레버리지가 높을수록 청산 가격이 진입가에 가까워진다. – '시간'을 빼앗는 구조.	수수료, 펀딩비 등이 증거금을 조용히 갉아먹기 때문에 청산이 갑자기 오는 것처럼 느껴진다.

비트코인 10억 시대의 투자법

청산을 피하는 최소 원칙: 레버리지 낮게, 포지션 사이즈 줄이기, 격리 모드 사용, 손절은 청산보다 훨씬 앞에 두기.

▾ 손절 위치의 현실적 기준

손절은 "얼마까지 버틸 수 있나"가 아니라 "이 매매가 틀렸다고 인정할 지점"이다. 현실적인 손절은 차트와 계좌를 동시에 고려한다.

1. 손절은 '감정'이 아니라 '조건'이다

손절 위치는 반드시 "여기를 깨면 내가 세운 시나리오는 무효가 되는가?"에 답해야 한다.

2. 지지·저항 바깥이 기본 기준

가장 현실적인 손절 위치는 지지·저항 바로 바깥입니다.

- 롱 - 지지 이탈
- 숏 - 저항 돌파

이 구간은 가격이 왔다 갔다 하는 영역이 아니라 구조가 깨지는 지점이다.

3. 손절이 넓다면 사이즈를 줄인다 (균형)

손절이 멀어서 무섭다면 사이즈가 과하다는 뜻입니다. '손절폭' '포지션' 이 균형이 무너지면 손절은 절대 지켜지지 않는다.

4. 손절 후 다시 들어갈 수 있어야 한다

현실적인 손절은 다시 진입할 수 있는 여지를 남긴다.

- 손절 후 계좌가 남아 있고
- 감정이 무너지지 않으며
- 다음 기회를 기다릴 수 있다.

이것이 **'좋은 손절'**입니다.

한 줄 요약: 손절 위치가 명확해질수록 청산은 차트에서 멀어진다.

7장. 변동성 구간 대응법

▼ 급등·급락장에서 하지 말 것

급등·급락장은 기회처럼 보이지만, 실제로는 가장 많은 계좌가 사라지는 구간이다. 이 구간에서 중요한 것은 무엇을 하지 말 것인가이다.

하지 말아야 할 행동	이유	결과
추격 진입	이미 크게 움직인 뒤의 진입은 대부분 마지막 연료를 태우는 행동이다.	고수가 나가는 자리에서 가장 나쁜 가격에 체결된다.
레버리지 올리기	불 속에 기름을 붓는 행위다. 스프레드와 슬리피지 확대는 청산 속도만 빨라진다.	시장은 평범하게 움직였는데, 계좌는 비정상적으로 청산에 근접한다.
손절 넓히기	급변동 구간에서 손절을 넓히는 것은 '대응'이 아니라 항복이다.	손절이 자꾸 걸린다면 포지션을 줄이거나 쉬는 것이 정답이다.
한 방향 고집	급등 후 급락, 급락 후 급반등이 나오는 구간이다. "이 방향일 수밖에 없다"는 확신은 가장 위험하다.	시장에 대한 겸손함을 잃고 복구 매매에 돌입하게 된다.
계좌 복구 시도	급변동 구간은 손실을 복구하기에 가장 나쁜 환경이다. 이때의 매매는 회복 충동이다.	감정은 급해지고 판단은 느려져 결국 더 큰 손실로 이어진다.
모든 움직임에 반응	반응할수록 틀리고, 쉬면 살아남는다. 이 구간에서의 관망은 패배가 아니라 전략이다.	불필요한 포지션 진입과 손절이 반복되어 계좌가 갉아 먹힌다.

한 줄 요약: 급등·급락장은 잘하면 돈을 버는 구간이 아니라, 못하면 계좌를 잃는 구간이다. 이 구간에서 아무 것도 하지 않는 선택이 가장 어려운 최고의 매매다.

▌ 뉴스 시간대 매매 주의점

뉴스는 정보가 아니라 변동성 그 자체다. 뉴스 시간대의 시장은 분석으로 읽는 공간이 아니라 리스크가 증폭되는 환경이다.

주의점	설명	현실적인 대응
'방향'보다 '속도'	뉴스는 속도와 폭으로 반응하며, 진입이 늦고 손절이 미끄러져 체결이 불리해진다.	주요 뉴스 전후 15~30분 관망한다.
첫 반응 불신	뉴스 직후 첫 캔들은 대부분 청산 물량과 알고리즘 반응이다. 급등-급락 등의 휩쏘가 잦다.	기존 포지션은 축소 또는 정리하고, 꼭 거래한다면 사이즈 최소화한다.
비용 확대	스프레드 급확대, 지정가 미체결, 시장가 과체결 등으로 보이지 않는 비용이 커진다.	손절은 평소보다 훨씬 앞에 두어 청산 위험으로부터 거리를 둔다.
TP/SL 무력화	급변동 구간에서는 TP/SL이 의도한 가격이 아닌 그 다음 가격에서 체결된다.	뉴스 직전 포지션 신규 진입이나 레버리지 확대는 절대 피한다.
정보의 느린 습득	개인은 늦고, 고래와 알고리즘은 즉시 반응한다. 뉴스를 보고 들어가는 순간 당신은 이미 마지막 순서다.	뉴스를 맞히려 하지 말고, 피하는 사람이 살아남는다.

한 줄 요약: 뉴스 시간대는 실력을 증명하는 구간이 아니라, 리스크 관리 능력이 드러나는 구간이다.

▼ 거래를 쉬어야 할 때

시장에서 가장 어려운 선택은 아무 것도 하지 않는 것입니다. 하지만 계좌를 지키는 결정의 상당수는 항상 **'쉬는 선택'**에서 나온다.

쉬어야 할 때 (거래 중단 신호)	이유	결과
구간이 안 보일 때	추세인지, 횡보인지, 전환인지 구분이 안 되는 차트는 진입 신호가 아니라 경고 신호다.	모를 때는 하지 않는 것이 가장 정확한 대응이다.
손절이 연속으로 발생	시장과 전략이 맞지 않는다는 신호다. 계속 거래하면 실력이 아니라 확률과 싸우게 된다.	계좌는 줄고, 심리는 무너진다.
감정이 먼저 반응	조급함, 복구 욕구, 가격 확인 중독 상태는 차트보다 감정이 앞서 있다.	이 상태에서의 매매는 통계적으로 이길 수 없다.
규칙을 무너뜨릴 때	손절을 미루고, 레버리지를 올리고, 예외를 만들기 시작하면 이미 거래 중단 신호가 켜진 상태다.	쉬어야 할 때는 시장이 아니라 내 행동이 알려준다.
결과에 집착할 때	"오늘은 반드시 플러스여야 한다"는 생각이 들면 매매는 과정이 아니라 결과 도박이 된다.	쉬는 동안 계좌는 줄지 않고, 감정은 회복되며, 다음 기회가 온다.

한 줄 요약: 거래를 쉬는 것은 실력이 없는 증거가 아니라, 계좌를 아끼는 능력이다.

8장. 선물의 결론

▌ 선물은 언제 써야 하는가

선물은 더 빨리 부자가 되기 위한 도구가 아니다. 선물은 **특정한 상황에서만 의미를 가지는 '전술'**이다.

선물 사용 조건	설명
'조건'이 있을 때	**진입 이유, 손절 기준, 손익비가 모두 계산되어 있고 틀려도 계좌가 남을 때만** 도구가 된다.
현물로 리스크 관리가 어려울 때	**하락장 헤지, 포트폴리오 방어 등 '공격'이 아니라 방패**로 쓰일 때 가장 정직한 쓰임새를 갖는다.
짧은 시간·명확한 구조일 때	선물은 길게 버티는 거래가 아니다. 시간 제한과 가격 구조가 뚜렷할 때 효율을 발휘한다.
감정이 개입하지 않을 때	조급함, 복구 욕구, 결과 집착이 없을 때만 통제 가능한 무기가 된다.
잃어도 괜찮은 자금일 때	잃어도 삶에 영향을 주지 않는 여유 자금일 때만 통제 가능한 도구가 된다.
'하지 않는 날'을 정해둘 수 있을 때	언제 거래할지가 아니라 **언제 거래하지 않을지를 먼저 정한 사람**만이 선물을 안전하게 다룰 수 있다.

한 줄 요약: 선물은 항상 쓰는 기술이 아니라, 써야 할 때만 꺼내는 비상 도구입니다. 잘 참는 사람이 끝까지 살아남는다.

▼ 살아남은 사람들의 공통점

시장에서 오래 남은 사람들은 사라지지 않았다. 그들의 공통점은 단순한 원칙을 끝까지 지켰다는 것이다.

공통점	원칙
수익보다 생존 계산	**"틀리면 계속 시장에 남아 있을 수 있는가?"**에 YES가 아닐 때는 진입하지 않는다.
큰 한 방을 믿지 않음	올인을 경계하고, 한 번의 대박보다 수백 번의 무사 통과를 선택한다.
나갈 길을 먼저 만듦	손절-익절-관망 순서로 매매하며, 들어가는 기술이 아니라 나오는 기술로 구성되어 있다.
모를 때는 쉰다	시장이 애매하면 차트를 덮고, 억지로 매매하지 않는다.
레버리지를 최소화	낮은 레버리지로 기회를 오래 기다리며, 높은 레버리지는 위험의 확대임을 안다.
감정이 흔들리면 멈춘다	연속 손실, 분노, 조급함 신호가 오면 즉시 매매를 중단한다.
기록하고 복기한다	매매를 **'기억'**하지 않고 **'기록'**하여 다음 생존 확률을 높인다.
시장을 존중한다	시장을 이기려 하지 않고, 틀릴 수 있음을 인정하며 겸손하게 확률에 몸을 맡긴다.

한 줄 요약: 시장에서 살아남은 사람들은 잘 맞히는 사람이 아니라, 잘 사라지지 않는 사람들이다.

▌ 선물은 목적이 아니라 도구다

선물 거래를 목표로 삼는 순간, 그 계좌는 위험해진다. 선물은 돈을 벌기 위한 수단이 아니라 특정한 상황을 처리하기 위해 존재하는 도구다.

- 목적이 되면 판단이 왜곡된다: "선물로 벌어야 한다"는 생각은 모든 상황을 진입 기회로 보게 만들어 통제를 사라지게 한다.
- 도구는 필요할 때만 꺼낸다: 망치처럼, 현물로 충분하거나 감정이 흔들리는 상태에서는 꺼내지 않는 것이 정답이다.
- 선물의 가장 정직한 쓰임: 하락장 헤지, 리스크 관리, 단기 구조 대응을 벗어나는 순간 도박에 가까워진다.
- 도구를 통제하는 쪽이 주인이다: 매일 거래해야 하고 포지션이 비어 있으면 불안한 상태는 선물이 나를 조종하는 중독의 형태다.
- 선물 없이도 괜찮아야 한다: 현물로도 괜찮고 관망도 가능할 때, 비로소 선물은 안전한 도구가 된다.

'선물을 목적으로 삼지 않는 사람만이
선물을 도구로 사용할 수 있습니다.'

비트코인 10억시대의 투자법

초판 1쇄	2026년 1월 30일
지은이	고진석
책임편집	민규성
에디터	유민정 도이정 송승은
디자인	김정아
마케팅	송유근
펴낸곳	라이트하우스인
펴낸이	조남규
주소	고양시 일산동구 정발산로 43-20 센트럴프라자 301
대표전화	031-815-8298
인쇄·제본	팩컴코리아
값	20,000원
ISBN	979-11-993203-3-8
출판등록	제 2020-000108 호

라이트하우스인(LIGHTHOUSEIN)은
등대(LIGHTHOUSE)를 지키는 사람(人)과 등대 안(IN)을 뜻합니다.
어둠 속에서 길을 찾는 사람에게 밝은 빛으로 안내하는 등대처럼
출판·미디어 문화 속에서 빛과 같은 기업이 되겠습니다.
라이트하우스인은 좋은 글을 만드는 글방(WRITE HOUSE)을 지향합니다.
라이트하우스인은 세상에 유익한 콘텐츠를 만들어가는 바른 기업(RIGHT HOUSE)을 추구합니다.

김월한 시선집 제 7시집
밤의 기도
김월한

김월한 제1시집 | 영취산 진달래 | 북랩 |
김월한 제2시집 | 그 시간들 속으로 | 문학애출판사 |
김월한 제3시집 | 바람의 섬 | 홍두깨 |
김월한 제4시집 | 못다한 시간 | 홍두깨 |
김월한 제5시집 | 시인의운명 | 도서출판 그림책 |
김월한 제6시집 | 사랑하는 마음 | 도서출판 그림책
김월한 제7시집 | 밤의 기도 | 도서출판 그림책

김월한 시선집 제7시집

밤의 기도

초판 인쇄일 2025년 7월 15일
초판 발행일 2025년 7월 15일

지은이 김월한
펴낸이 장문정
펴낸곳 도서출판 그림책
디자인 이정순 / 정해경
출판등록 제2010-000001
주소 경기도 수원시 영통구 이의동 웰빙타운로 70
연락처 TEL070-4105-8439 (010)2676-9912
E-mail : khbang21@naver.com